Las recetas de ISMA

en *Hoy cocinas tú*

Primera edición: Noviembre 2011

Edición: Bainet Editorial S.A.
Texto: Isma Prados
Fotografías: Itziar Iriarte y Juantxo Egaña
Cubierta, diseño interior y maquetación: Burman Comunicación.
Colaboración: Taller de publicaciones SLL
Fotomecánica: GRAFO S.A.

I.S.B.N.: 978-84 96177-65-9
Depósito Legal: BI-2553-2011
Impreso y encuadernado en GRAFO, S.A.
Impreso en España *(Printed in Spain)*

Las recetas de ISMA

en *Hoy cocinas tú*

Cocina mediterránea
para todos los públicos

bainet editorial

PRÓLOGO

Ante ti tienes un libro de cocina aparentemente normal. La diferencia con otros recetarios es que éste se ha generado en progreso como fruto de las inquietudes gastronómicas de personas de diversos orígenes y perfiles, ninguna de ellas con experiencia profesional en los fogones. Sin duda, ante todo, es una buena muestra de la excelente salud con que cuenta el ejercicio popular de la gastronomía y de la cocina festiva en este país.

Como sabes, en cada episodio de *Hoy cocinas tú,* un invitado se arma de valor y sucumbe ante una apuesta para acudir a un programa de cocina en el que debe aprender un menú completo junto a un chef profesional (o sea, yo). Debo destacar que la figura de los cuñados ha sido un aliado excelente a nuestro favor para captar invitados.

La dinámica del programa exige, a su vez, que, antes de visitarnos en el plató, cada pretendiente rellene una ficha personal con sus inquietudes gastronómicas, sus preferencias y los platos que le gustaría aprender a cocinar. Un servidor analiza la información y junto al equipo del programa se diseña un menú que se ajuste el máximo posible a su perfil, y cómo se va a desarrollar el segundo acto... Hay una segunda parte del programa en la que nuestro "invitado" debe reproducir el mismo menú por sí mismo, en su casa, con sus herramientas y un equipo de grabación del programa que toma buena cuenta de todo lo que pasa... eso, además, dos horas antes de que los tres invitados que lanzaron el reto inicial se presenten a cenar y a valorar lo que se han metido entre pecho y espalda como si lo hubiese cocinado un desconocido.

El primero de los invitados que pasó por el plató me confesó, justo antes de empezar a grabar, que estaba nervioso porque era la primera vez que se ponía delante de una cámara, yo le contesté que no se preocupase, que yo también era nuevo, pero que todo iba a salir bien... aun así, en general, nos hemos comedido con la pimienta.

Eso sí, durante la grabación en el plató el menú acostumbra a pasar ante sus ojos cual *déjà vu* ante la acción hipnótica de las cámaras, los focos y un montón de gente alrededor haciendo miles de cosas en escena coral; una montaña rusa de media hora en la que algunos llegaron a confesar haber viajado astralmente mientras les hablaba de puntos de textura, salsas y temperaturas de cocción. No se trataba sólo de cocinar, sino de una experiencia sensorial completa. Lo que tuvimos que explicarles después en la mayoría de casos era lo bien que se habían desenvuelto... todos lograron conectar y acabaron bailando (y en algunos casos incluso cantando conmigo). Todos ellos acabaron participando activamente en su menú desde el primer minuto hasta el final, con interés y atención. Demuestran que la capacidad de aprender no está en el discurso del maestro, sino en la voluntad del estudiante; nadie aprecia tanto como un autodidacta que se le enseñe... eso es lo que yo he recibido.

Por todo ello las recetas de este libro nos pertenecen por igual. Los emplatajes que veréis han sido realizados en conjunto con ellos y las fotografías pertenecen a su elaboración en escasamente 20 minutos durante la grabación del programa, así que seguro que también te van a salir a ti. Los ingredientes de todas las recetas están calculados para dos personas, excepto en algunas que ya se especifica. Junto a las recetas hemos rescatado muchas de las informaciones que hemos divulgado durante su elaboración en el plató. Se trata de apuntes sobre cocción, sobre alimentación y combinación de ingredientes que hemos procurado introducir subliminalmente a lo largo de toda la serie, y que considero interesante tener entre manos antes de cocinar. Las recetas están agrupadas como en el programa, donde el invitado cocinaba dos platos, principalmente, un primero y un postre.

En resumen, este libro pertenece a todo aquel que regala a los demás el fruto de su mejor actitud cocinando con creatividad alrededor de una mesa, una especie de feng shui que se crea en las cocinas donde hay buen rollo, donde no se reparte sino que se comparte. Ésa ha sido la tónica que ha acabado dominando en todos los programas y en la que he tenido la suerte de participar.

A todas y cada una de las personas que habéis compartido esta experiencia conmigo, muchas gracias; yo también he aprendido.

Isma Prados

ARROZ DE MERLUZA Y VERDURAS

Un arroz como este cubre las raciones de cereal, verduras y proteína para una cena... no hace falta comer pan.

INGREDIENTES

150 g de arroz bomba
300 g de merluza limpia
restos de pescado para el caldo
2 alcachofas
2 cebolletas
3 ajos frescos
150 g de judías verdes
450 ml de caldo de pescado
aceite de oliva
sal
pimienta
1 cucharadita de cúrcuma
1 rama de perejil

ELABORACIÓN

Pela las alcachofas, córtales la punta, retírales los pelillos del interior y córtalas en trozos de tamaño similar. Cocínalas en una cazuela baja con un chorro de aceite de oliva, sal y pimienta.

Incorpora las cebolletas finamente picadas y rehoga bien. Incorpora los ajos frescos picados y las judías verdes en rombitos. Sigue rehogando. Vierte un chorrito más de aceite, introduce el arroz y la cúrcuma. Sofríe bien el arroz para que quede suelto.

Mientras tanto, calienta el caldo en una cazuela con las espinas de la merluza y unas ramitas de perejil.

Vierte el caldo al arroz (250 ml de caldo por cada 100 g de arroz). Rectifica de sal. Pasa el arroz al horno y horméalo a 220 grados durante 10-12 minutos (con el horno previamente caliente).

Corta el lomo de merluza en dos trozos. Pon un trozo de papel de horno sobre una sartén. Mójalo con un chorrito de aceite y coloca encima los lomos de merluza, primero con la parte de la piel hacia abajo. Sazona y cocina el pescado 3 minutos por cada lado.

Coloca los lomos de merluza sobre el arroz. Tápalo con un paño y deja que repose durante 3-4 minutos.

Emplata el arroz con el pescado. Riega con un chorro de aceite de oliva y sirve.

LINGOTES DE ORO

½ piña natural
12 bizcochos de soletilla
2 cucharadas de azúcar moreno
50 g de chocolate negro
50 ml de whisky

INGREDIENTES

ELABORACIÓN

Corta dos rectángulos de piña y cocínalos en una sartén con el azúcar para que se caramelicen.

Extiende 6 bizcochos de soletilla en cada plato. Coloca encima un lingote de piña y riega con un chorrito de whisky.

Pon en un bol el chocolate con el resto del whisky. Tapa con un plástico de cocina y cocínalo en el microondas a media potencia durante 2 minutos. Retira el plástico y muévelo para que se mezcle bien el chocolate con el whisky.

Salsea la piña con el chocolate y sirve.

RAPE "OLÉ"

INGREDIENTES

350 g de rape limpio
¼ de coliflor
6 alcachofas peladas
2 puerros
2 cucharadas de alubias blancas cocidas
aceite de oliva suave
sal
1 cucharada de orégano
1 cucharada de hierbas provenzales
½ cucharada de comino en polvo
½ cucharada de pimentón
pimienta

ELABORACIÓN

Corta la coliflor en ramilletes, colócalos en un bol con un chorrito de agua, tápalos con plástico de cocina, pínchalo con un cuchillo e introduce el bol en el microondas a 600 w durante 10 minutos.

Corta el puerro en cilindros de 5 centímetros. Colócalos en la placa del horno y cocínalos en el horno de vapor durante unos 12-14 minutos (si no tienes horno de vapor lo puedes cocinar en una vaporera).

Pon a dorar la espina del rape espolvoreada con una pizca de pimienta en una cazuela con un chorrito de aceite.

Retira la cazuela del fuego y añade el orégano, las hierbas provenzales, el comino y el pimentón. Ponla de nuevo a calentar a fuego muy suave. Añade unas 6 cucharadas más de aceite y remueve las hierbas. Comprobarás cómo se tiñe el aceite. Vierte medio vasito de agua, introduce las alcachofas y deja que se confiten durante unos 20 minutos aproximadamente. Retíralas a un plato e introduce el rape. Cocínalo a fuego muy suave durante 10 minutos.

Pasa el líquido de la cazuela a un vaso batidor. Móntalo con la batidora eléctrica hasta que se emulsione y resérvalo.

En el momento de ir a comer, cocina el rape y las alcachofas a la plancha. Pon a punto de sal.

Sirve en el fondo del plato las alubias blancas, unos ramilletes de coliflor, unos cilindros de puerro y las alcachofas. Coloca encima el rape y salsea el plato con la emulsión de aceite y especias.

La cocción de las verduras al vapor nos permite mantener más nutrientes que un hervido convencional. Cuando cocinamos los alimentos sumergidos en un líquido, ya sea agua o aceite, hay asociada una pérdida de minerales, pigmentos y otros componentes que se diluyen en el líquido. Por el contrario, con un entorno saturado de vapor, los alimentos absorben sólo aquel que necesitan para quedar tiernos sin desprender nada… sólo os tenéis que fijar en los colores. Los alimentos cocinados al vapor siempre conservan tonos más vivos.

TRIFÁSICO DE GRANADA

INGREDIENTES

1 granada
2 yogures naturales
4 cucharadas de muesli
2 cucharadas de jarabe de arce

ELABORACIÓN

Corta la granada por la mitad a lo ancho. Coge cada mitad con la mano, colócala boca abajo sobre un bol y golpéala con una cuchara hasta que caigan todos los granos.

Para servir, pon una capa de muesli en el fondo del vaso, pon encima 2 cucharadas de granos de granada, una cucharada de muesli, un yogur, un chorrito de jarabe de arce, otro par de cucharadas de granos de granada, otra cucharada de muesli y finalmente riega todo con otro chorrito de jarabe de arce.

CUSCÚS DE BACALAO FRESCO

El cuscús es sémola de trigo sarraceno, más rico en fibra y proteínas que el trigo refinado para hacer harina.

INGREDIENTES

2 trozos de bacalao fresco de 200 g cada uno
restos de bacalao para el caldo
220 g de alubias rojas cocidas
120 g de cuscús precocido
1 cebolleta
1 nabo
½ hinojo
aceite de oliva
sal

ELABORACIÓN

Dora las espinas del bacalao en una cazuela con un chorro de aceite de oliva. Cuando estén doradas, vierte un vaso de agua. Añade los rabos del hinojo y cocina durante 10 minutos aproximadamente. Cuela el caldo y resérvalo.

Pica finamente el hinojo y ponlo a pochar en una cazuela amplia y baja con un chorro de aceite de oliva. Incorpora el nabo cortado en daditos y la cebolleta finamente picada. (Pica finamente los tallos de la cebolleta y resérvalos para el emplatado.) Cuando suden las verduras, incorpora las alubias rojas y el cuscús. Vierte la misma cantidad de caldo que de cuscús. Tapa la cazuela, retírala del fuego y deja que el cuscús absorba el líquido.

Coloca en una sartén un trozo de papel de horno de tamaño similar a cada trozo de bacalao. Mójalo con un chorrito de aceite y coloca encima el bacalao. Cocínalo 3 minutos por cada lado. Sazónalo a tu gusto.

Emplata el cuscús y el bacalao con ayuda de un cortapastas. Esparce encima los tallos de la cebolleta que tenías reservados.

SEMIFRÍO DE PERAS CON BRIE ESPUMADO

INGREDIENTES

4 peras
4 magdalenas
350 ml de leche entera
150 g de queso brie sin corteza
80 g de azúcar moreno
100 g de miel de milflores
40 g de flores de manzanilla

ELABORACIÓN

Mezcla la miel con un chorrito de agua.

Pela las peras y córtalas en dados. Desmiga las magdalenas.

Reparte la mitad de las peras en las copas. Añade un chorrito de miel diluida y la mitad de las magdalenas desmigadas. Haz otra capa de la misma manera.

Mezcla en un bol la leche, el azúcar, las flores de manzanilla y el queso brie. Cocina la mezcla en el microondas durante 3 minutos y medio. Cuela para retirar las flores de manzanilla. Bate con el émbolo de la cafetera o con una batidora de varillas para que saque espuma. Reparte el queso brie espumado sobre las copas y sirve.

El queso es un alimento rico en calcio y vitaminas necesarias. Los dietistas nos recomiendan consumir diariamente tres raciones de láctico para satisfacer las necesidades de estos nutrientes, sobre todo en señoras premenopáusicas o niños, unos por que forman el esqueleto, las otras para prevenir carencias óseas. Aun así, especialmente en el caso del queso frente a la leche, las concentraciones de grasa saturada de origen animal son el contrapeso asociado a comer queso, así que conviene ajustarse a los niveles de consumo adecuados por ración diaria (250 ml de leche o de yogur, 80-100 g de queso tierno bajo en grasas o 40-50 g de queso curado o crema) ya que concentra más calcio pero también más grasa.

COSTILLAS DE CERDO LACADAS

INGREDIENTES

1 costillar de cerdo de ½ kg
aceite de oliva
sal
pimienta
20 g de curry

Para la laca
2 tomates maduros
2 cucharadas de azúcar moreno
20 g de curry
150 ml de vinagre de jerez

Para el chutney
1 trozo de piña
1 mango
1 cucharada de dulce de membrillo rojo
½ copa de ron añejo
aceite de oliva
1 guindilla picante
1 cucharada de granos de pimienta rosa

ELABORACIÓN

Precalienta el horno a 150-160 grados.

Dora el costillar por los dos lados en una sartén con un chorro de aceite de oliva. Cuando esté dorado, retíralo a una fuente apta para el horno. Condiméntalo con el curry, sal y pimienta. Ásalo en el horno durante 40 minutos aproximadamente.

Para hacer la laca, corta los tomates en dados y cocínalos en la misma sartén donde has dorado el costillar. Agrega el azúcar, el curry y el vinagre y deja reducir durante 6-8 minutos. Cuando el conjunto tenga textura de salsa espesa y brillante, pasa todo por el colador.

Aproximadamente a los 30 minutos de horneado, unta la carne con esta laca por el lado superior. Repite la operación cada 3-4 minutos hasta que la carne esté perfectamente asada.

Para el chutney, retira el hueso del mango y córtalo en dados. Corta también la piña en dados.

Pon la guindilla y la pimienta rosa en una cazuela baja con un chorrito de aceite de oliva. Incorpora la piña y deja que se dore a fuego vivo. Vierte el ron y deja que se evapore el alcohol. Añade el dulce de membrillo y el mango. Rehoga y cocina a fuego lento durante 4-5 minutos. Pasa la fruta a un bol y añade un poco de laca de tomate. Mezcla bien.

Sirve el chutney en el plato y coloca encima el costillar.

MOJITOS DE KIWI

INGREDIENTES

2 kiwis
1 trozo de jengibre fresco
2 cucharadas de ron
2 cucharadas de azúcar moreno
2 bolas de sorbete de limón
hojas de menta

ELABORACIÓN

Pon en un bol el ron, el azúcar y el jengibre rallado. Mezcla bien.

Corta los kiwis en gajos finos y repártelos en los platos. Vierte por encima la salsa de ron y jengibre. Esparce unas hojas de menta troceadas y por último coloca una bola de sorbete de limón.

Decora con una hojita de menta y sirve.

Así como la piña y el mango son frutas que aceptan bien la cocción y desarrollan aromas agradables, el kiwi se vuelve amargo e inconsistente cuando recibe temperatura. Hay que tratarlo igual que los cítricos, siempre en frío

MERLUZA A LA CREMA DE CHAMPIÑONES

INGREDIENTES

350 g de merluza limpia
8 champiñones
1 cucharada de harina
600 ml de leche de avena
aceite de oliva
sal
pimienta

El roux se basa en la cocción de la harina sobre una grasa (normalmente mantequilla) como espesante para líquidos. En este sistema se basa la bechamel... según los cánones de la cocina francesa, casi siempre interviene crema de leche rica en grasa para aportar todavía más textura y untuosidad. Con la crema de setas de hoy, usando leche de avena y aceite de oliva (además de los mucílagos de las setas) conseguimos texturizar la crema de setas sin la adición de grasas saturadas de naturaleza animal, altamente calóricas, convirtiendo el plato en más ligero y digerible).

ELABORACIÓN

Pon un par de cucharadas de aceite a calentar en una cazuela. Añade una cucharada colmada de harina y rehoga suavemente.

Vierte la leche de avena poco a poco sin dejar de remover y cocínala a fuego muy suave durante 10 minutos aproximadamente.

Retira los tallos de los champiñones y limpia los sombreros con un papel de cocina humedecido en agua. Corta cada uno en 8 trozos y saltéalos a fuego vivo en una sartén con un chorrito de aceite. Salpimienta. Añádelos a la cazuela de la salsa y cocínalos durante unos 5 minutos para que se mezclen bien los sabores. Pasa la crema de champiñones a una salsera y resérvala.

Corta el pescado en 2 trozos. Calienta una sartén al fuego, pon dentro un trozo de papel de hornear, echa un chorrito de aceite y coloca encima la suprema de pescado dejando la piel en contacto con el papel. Sazona y cocínalo 3 minutos por cada lado.

Sirve el pescado en el centro del plato y coloca alrededor la crema de champiñones.

NARANJAS MARINADAS EN FRUTOS ROJOS

INGREDIENTES

2 naranjas
2 cucharadas de vinagre de jerez
2 cucharadas de mermelada de arándano

ELABORACIÓN

Pela y corta las naranjas en rodajas. Extiéndelas en un plato de manera que cada rodaja quede montada sobre la anterior.

Mezcla en un bol el vinagre con la mermelada y rocía las naranjas.

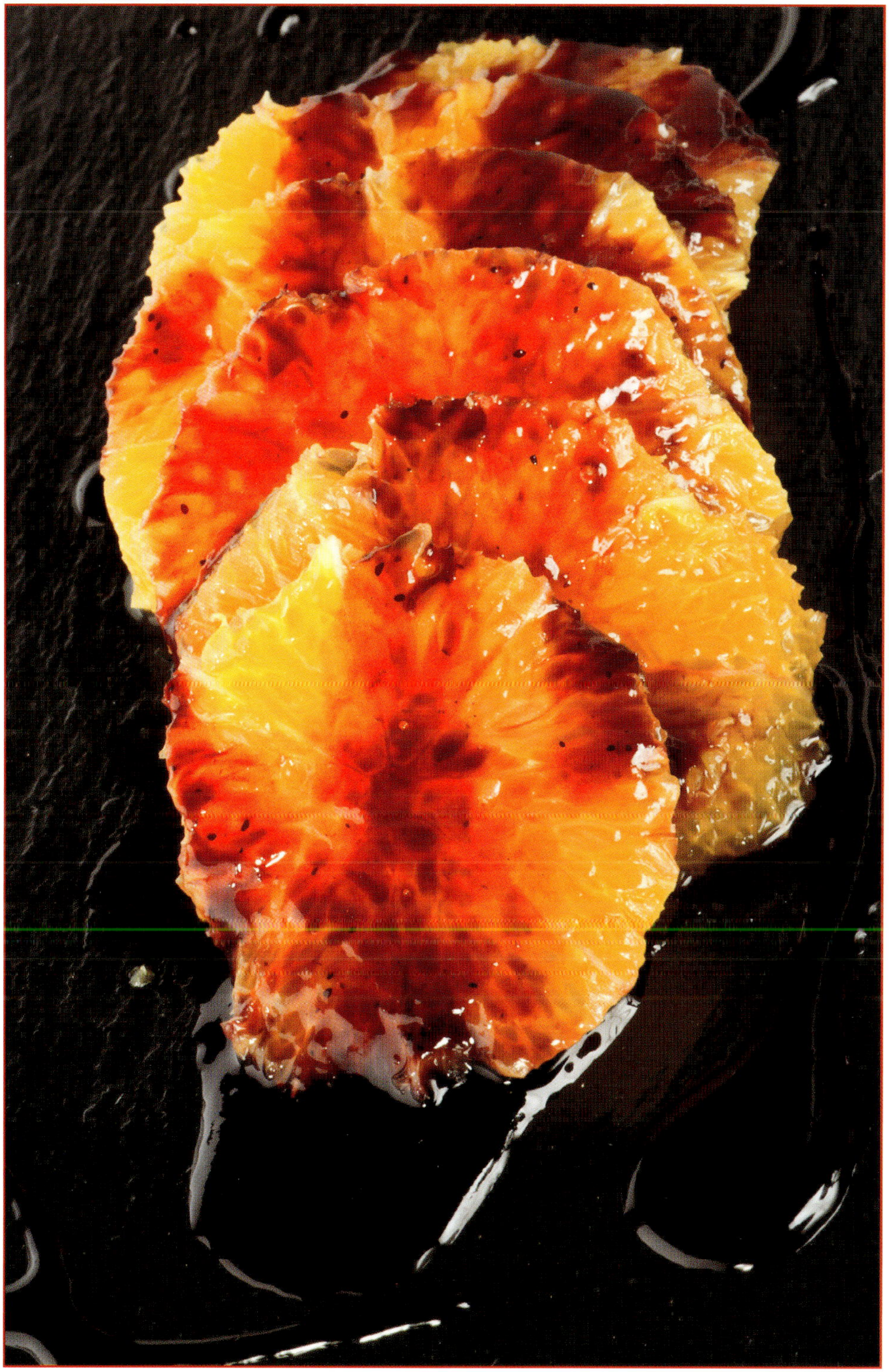

SALPICÓN DE BERBERECHOS CON VERDURAS BLANCAS

INGREDIENTES

½ kg de berberechos
2 puerros
1 bulbo de hinojo
8 yemas de espárrago
1 diente de ajo
1 yema de huevo
aceite de oliva
sal
pimienta
1 hoja de laurel
1 cucharada de mostaza
a la antigua

ELABORACIÓN

Corta las ramitas del bulbo de hinojo y resérvalas. Corta el bulbo en gajos. Retira la parte verde de los puerros y corta cada uno en 4 cilindros.

Pon una sartén al fuego, agrega un chorrito de aceite y distribuye las verduras por toda la superficie. Salpimienta. Tapa y cocínalas durante unos 10-12 minutos. Pasa las verduras a una fuente, agrega las yemas de espárrago a la sartén y dóralas un poco.

Pon un poco de aceite en una cazuela, añade una hoja de laurel, un diente de ajo laminado y un chorrito de agua. Incorpora los berberechos, tápalos y cocínalos brevemente hasta que se abran. Descónchalos y reserva el jugo que hayan soltado.

Pon la yema en un vaso batidor, agrega una cucharada de mostaza y un buen chorro de aceite. Móntala con una batidora eléctrica hasta que se emulsione. Pasa una cucharada de la mahonesa a un bol. Pica las ramitas de hinojo reservadas anteriormente y agrégalas. Vierte un poco del jugo de los berberechos y remueve con una varilla manual hasta conseguir la textura deseada.

Sirve las verduras en un plato hondo, acompáñalas con los berberechos y aliña con la mahonesa.

MELOCOTONES AL VINO CON MERENGUE

INGREDIENTES

2 melocotones en almíbar
250 ml de vino tinto
2 claras de huevo
1 naranja
50 g de azúcar lustre
1 pizca de canela en polvo
aceite

ELABORACIÓN

Corta los melocotones en cuadraditos. Introdúcelos en una sartén y saltéalos durante 30 segundos. Agrega unos 20 gramos de azúcar lustre y una pizca de canela. Vierte el vino y cocina todo a fuego fuerte hasta que se evapore el líquido.

Coloca las claras en un bol y móntalas con la batidora de varillas eléctrica. Cuando casi estén a punto, agrega un poco de ralladura de naranja y el resto del azúcar. Sigue montando hasta que queden bien duras.

Reparte los melocotones en 2 recipientes aptos para el horno, cúbrelos con el merengue e introdúcelos en el horno a 200-220 grados durante 6-8 minutos. Sirve enseguida.

SOLOMILLO DE CERDO CON SALSA GARUM

Garum, uno de los aderezos más famosos durante el Imperio romano; es el nombre de un marinado en sal de vísceras de pescado azul y hierbas de bajo monte que se curaba en ánforas de terracota enterradas en la arena de la playa. Nosotros hoy reproducimos la idea partiendo de otra conserva de pescado azul más apropiada a los paladares contemporáneos. Debido a las migraciones de atunes por las almadrabas de Cádiz, una de las más preciadas en aquel tiempo era el garum *gadis*.

INGREDIENTES

1 solomillo de cerdo
½ lombarda
4 filetes de anchoa en aceite
1 cucharada de pasta de aceitunas negras
3 tomates secos rehidratados
aceite de oliva
sal
pimienta
unas ramas de tomillo fresco
unas ramas de orégano fresco
cristales de sal

ELABORACIÓN

Calienta una paellera y agrega un chorrito de aceite. Salpimienta el solomillo y dóralo. Retíralo a un plato y deja que repose.

Echa un chorrito de aceite a la misma paellera donde has dorado el solomillo, corta la lombarda en juliana fina y añádela. Sazónala y saltéala a fuego fuerte durante un par de minutos. Tápala, baja el fuego y cocínala durante 12-14 minutos más.

Para el garum, pica las anchoas finamente, colócalas en un bol, añade la pasta de aceitunas negras y un poco del aceite de las anchoas. Pica los tomates, las ramas de tomillo y de romero y agrégalos al bol. Vierte un chorrito de agua y un chorrito de aceite y mezcla bien.

En el momento de servir, corta el solomillo en filetes y caliéntalos en el horno. Sirve la lombarda en una esquina del plato, monta encima los filetes de solomillo, salséalos con la salsa garum y salpícalos con unos cristales de sal.

CAPUCHINO DE TURRÓN Y MANZANA

INGREDIENTES

150 g de turrón de Jijona
1 manzana
2 cucharadas de café soluble
12 granos de café tostado
200 ml de leche entera
1 cucharadita de azúcar moreno

ELABORACIÓN

Pela la manzana y retírale el corazón. Córtala en dados.

Pon un cazo al fuego, añade los dados de manzana, un chorrito de agua y el turrón. Cocina la mezcla durante unos 3-4 minutos. Distribuye la mezcla en 2 vasitos.

Pon un par de cucharadas de café soluble en un bol, vierte la leche poco a poco y mezcla bien. Pasa la mezcla a una cafetera de émbolo y dale un buen meneo hasta que se emulsione. Viértelo sobre los vasos.

Machaca en el mortero los granos de café con la cucharadita de azúcar. Coge una pizca del polvo resultante y espolvorea los postres.

Como veis, se trata de un postre de subsistencia para ofrecer caliente, pero puede formar parte perfectamente de un desayuno cotidiano completado con algo de fruta fresca y algún cereal (que podéis mezclar con la manzana y el turrón como base)

MAR Y CORRAL DE GAMBAS Y POLLO

Además de aportar sabor y aroma a nuestros platos, las especias tienen propiedades que, en su justa medida (si no pueden llegar a tener efectos tóxicos) nos ayudan a mejorar la digestión y aportan nutrientes y aceites esenciales beneficiosos para el organismo. Como ellas, las hierbas aromáticas o las pieles de algunos cítricos también tiene propiedades muy útiles en la cocina. Su dominio y conocimiento es ancestral, del druida al moderno "cocinilla".

INGREDIENTES

2 pechugas de pollo
20 gambas congeladas
½ pimiento rojo
½ cebolla
1 tomate maduro
2 trozos de cáscara de naranja
aceite de oliva
sal
10 granos de pimienta negra
½ cucharadita de pimentón
1 pizca de semillas de comino

Para la picada
½ diente de ajo
4 almendras
4 avellanas
sal
6 hebras de azafrán

ELABORACIÓN

Retira las cabezas de las gambas y pela las colas.

Pon un poco de aceite en una cazuela, añade los granos de pimienta negra, las semillas de comino y las cabezas de las gambas. Fríelas un poco e incorpora la cebolla cortada en dados, el pimiento en juliana, el tomate en dados, el pimentón y un par de trozos de cáscara de naranja. Rehoga durante 6 minutos hasta que se dore todo bien. Cubre con agua y cocínalo durante 20 minutos. Tritura y cuélalo.

Para la picada, coloca en el mortero el ajo y una pizca de sal. Maja bien y añade las almendras, las avellanas y las hebras de azafrán. Sigue majando y añádelo a la salsa anterior.

Cocina las pechugas a fuego suave en una sartén con un chorrito de aceite. Añade las colas de las gambas, sazónalas y saltéalas brevemente.

Para emplatar, filetea la pechuga, salséala y coloca encima las gambas. Pon a punto de sal y sirve.

MEMBRILLO ASADO CON LECHE ESPECIADA

INGREDIENTES

2 membrillos crudos
400 ml de leche
3 hojas de gelatina
80 g de azúcar moreno
50 g de chocolate negro
1 rama de canela
2 vainas de cardamomo
1 vaina de vainilla
granos de pimienta rosa

ELABORACIÓN

Abre el membrillo por la mitad y córtalo en gajos. Retírales el corazón con una puntilla.

Extiende un trozo de papel de aluminio sobre una superficie lisa y coloca encima los gajos de membrillo, un trozo de rama de canela y unos granos de pimienta rosa. Cierra el papel de aluminio herméticamente, colócalo en una placa de horno y ásalo en el horno (previamente calentado) a 160 grados durante 45 minutos.

Pon la gelatina a remojar en un bol con agua fría.

Pon la leche a calentar en una cazuela. Añade el azúcar y mezcla bien. Abre las vainas de cardamomo e incorpóralas. Deja cocer a fuego suave durante 5 minutos. Abre la vaina de vainilla y agrega las semillas. Incorpora la gelatina y mezcla hasta que se disuelva. Cuela la leche, aplastando las semillas de cardamomo contra el colador para que suelten toda su esencia. Introduce la leche especiada en el frigorífico. Cuando haya cogido cierta consistencia, móntala con una batidora eléctrica de varillas.

En el momento de servir, abre el paquete del membrillo y coloca los gajos en un plato hondo. Salsea con la leche especiada montada y ralla encima un poco de chocolate negro.

TORTA DE BOQUERONES Y ENSALADA DE CHAMPIÑONES

INGREDIENTES

10 anchoas limpias
2 rebanadas de pan
1 tomate
100 g de champiñones laminados
1 puñado de rúcula
1 puñado de canónigos
1 puñado de berros
1 cebolleta
150 g de fresas
1-2 cucharadas de salsa de soja
aceite de oliva
sal
1 cucharada de granos de pimientas variadas
1 cucharada de semillas de sésamo
1 cucharada de semillas de lino

Las ensaladas aciduladas mediante fruta o zumos de cítricos permiten maridar con vinos. El vinagre se considera un enemigo que molesta y distorsiona la delicadeza de una buena botella de vino. Tenlo en cuenta a la hora de elaborar menús con inquietudes más gastronómicas.

ELABORACIÓN

Pon en un mortero los granos de pimienta con una pizca de sal y machácalos. Añade las semillas de lino y sésamo. Sigue majando y reserva.

Limpia las fresas, lamínalas y ponlas en un bol. Pica finamente la cebolleta (con parte del tallo) y agrégala. Riega con un chorro de aceite de oliva y añade la salsa de soja. Deja que se maceren un rato. En el momento de servir, incorpora la rúcula, los canónigos, los berros y los champiñones. Mezcla bien.

Corta cada anchoa en dos lomos. Unta dos trozos de papel de horno con un chorrito de aceite de oliva y extiende encima de cada uno 10 lomos de anchoa con la piel hacia abajo. Sazona. Cocina brevemente los boquerones en una sartén.

Tuesta las rebanadas de pan en el horno durante 2-3 minutos. Corta el tomate por la mitad y unta el pan. Riega con un chorrito de aceite de oliva y sazona. Pon los boquerones sobre el pan. Espolvorea con el majado de pimienta, sésamo y lino. Sirve las tostas de boquerones y acompaña con la ensalada.

INGREDIENTES

2 ostras
2 aceitunas
½ limón
2 rodajas de pepino
½ vaso de ginebra
½ vaso de whisky
1 vaso de hielo

OYSTER DRY

En el caso de elaborar el cóctel con bivalvos vivos como ostras, almejas o berberechos, usa el agua que desprenden para elaborar el aperitivo. En este caso quedan muy bien unas algas picaditas para reforzar la sensación de yodo del marisco vivo

ELABORACIÓN

Saca las ostras de las conchas, ponlas en un bol y resérvalas junto con su agua en el frigorífico para que estén bien frías.

Llena un vaso con hielo picado. Agrega la ginebra, el whisky y el agua de las ostras. Mezcla bien.

Clava cada aceituna en un palo de brocheta. Pon también un cilindro de pepino.

Unta las copas con un trozo de cáscara de limón. Introduce en cada copa una brocheta, un trocito de corteza de limón y una ostra. Cuela el líquido sobre las copas y sirve.

BESUGO A LA DONOSTIARRA

INGREDIENTES

1 besugo de 800 g (aprox.)
1 coliflor pequeña
2 dientes de ajo
1 punta de guindilla
vinagre de vino
aceite de oliva
sal
pimienta
cristales de sal

ELABORACIÓN

Limpia el besugo. Saca los lomos y reserva los restos para el caldo. Dora los restos de pescado en una sartén con un chorrito de aceite de oliva, sal y pimienta.

Pon un poco de agua a calentar. Introduce los restos de pescado en la cazuela, tapa y cocina al mínimo durante 18-20 minutos.

Separa los ramilletes de la coliflor y ponlos en un bol con un chorrito de agua. Tapa con plástico de cocina y hazle unos agujeritos. Cocínala en el microondas a toda potencia durante 12 minutos.

Cocina los lomos de besugo en la misma sartén, primero con la piel hacia abajo. Si es necesario, añade un poco de aceite. Sazona. Dales la vuelta y vierte un poco de caldo. Vierte también un chorrito de vinagre. Deja que se siga cocinando a fuego lento.

Lamina los ajos y la guindilla y sofríe todo en una sartén con un buen chorro de aceite de oliva. Vierte el sofrito sobre el pescado y agita la cazuela para que se emulsione la salsa.

Emplata la coliflor con el pescado y moja todo con la salsa del pescado. Espolvorea con unos cristales de sal y sirve.

CUAJADA DE IDIAZÁBAL AHUMADO

INGREDIENTES

100 g de queso Idiazábal ahumado
½ l de leche de oveja
8 gotas de cuajo
30 g de nueces peladas
2 cucharadas de miel
50 g de dulce de membrillo (opcional)

ELABORACIÓN

Pela el queso y córtalo en porciones. Reserva las cortezas.

Pon la leche a calentar en una cazuela con las cortezas del queso. Cuela la leche sobre las copas y deja que se temple un poco. Vierte 4 gotitas de cuajo sobre cada copa.

Deja que cuajen en el frigorífico.

Sirve las cuajadas con un puñadito de nueces peladas, un trocito de queso y un chorrito de miel. Si quieres, puedes acompañar con el dulce de membrillo, las nueces y el queso que haya sobrado.

La cuajada no es un fermento como el yogur, por lo que no produce ácido láctico y mantiene un sabor más suave; contiene más calcio y grasa que el yogur de vaca.
El queso idiazábal es una de las denominaciones de origen de producción de queso más importantes de Europa... nosotros vamos a usar el ahumado para transmitir en este postre la cultura del fuego y la madera que aún hoy destacan en el aire de Guipúzcoa mezclado con el salitre y la hierba fresca... embriagador.

PECHUGA DE POLLO A LA SIDRA

INGREDIENTES

1 pechuga grande de pollo
4 patatas pequeñas
4 chalotas
1 diente de ajo
1 corazón de escarola
1 manzana ácida
1 rabanito
1 zanahoria
1 trozo de cáscara de limón
150 ml de sidra
200 ml de aceite de oliva
sal
8-10 granos de pimienta negra
1 cucharadita de mostaza
1 hoja de laurel
tomillo
romero
perejil picado

ELABORACIÓN

Pon unos granos de pimienta negra en una tartera con un chorrito de aceite. Incorpora un ajo laminado, un poco de tomillo, una hoja de laurel troceada y unas hojitas de romero.

Vierte la sidra y deja que se evapore un poco el alcohol.

Vierte el resto del aceite y cocina unos minutos. Introduce las chalotas cortadas en juliana. Pela las patatas, córtalas en rodajas e incorpóralas a la tartera. Añade un trocito de cáscara de limón. Tapa y cocínalas durante 8-10 minutos.

Dora la pechuga a fuego suave en una sartén sin aceite durante 1 minuto y medio aproximadamente. Después, mójala con un poco de aceite de la tartera. Cuando esté dorada, introdúcela en la tartera, tapa y cocina el conjunto durante 3-4 minutos más. Después retira la pechuga y córtala en rodajas gruesas.

Para hacer la vinagreta, cuela el jugo de la tartera y ponlo en un bol. Añade la mostaza. Bate bien y reserva.

Para hacer la ensalada, descorazona la manzana y córtala en láminas finas. Corta la zanahoria en tiras finas con un pelador.

Pon la manzana y la zanahoria en un bol. Introduce las hojas de escarola y el rabanito cortado en rodajas. Aliña la ensalada con la vinagreta de mostaza en el último momento.

Sirve las patatas y pon la pechuga encima. Sazona el pollo. Riega con la vinagreta de mostaza. Acompaña con la ensalada. Espolvorea con perejil picado y sirve.

La caldereta como método ancestral de cocción (ésta que presentamos puede ser de pastor o de cazador, al estilo de las que se hacen con cabrito o con cordero…). Aunque no haya cambiado en modo alguno la manera de ejecutarla, sí que hoy día la ciencia nos permite sacar unas cuantas conclusiones: cuando analizamos el resultado de la cocción de una caldereta. Podemos asegurar que es una cocción respetuosa con las carnes y con el aceite… el secreto está en el agua, ya que regula la temperatura del conjunto a 100 grados durante la cocción (en caso de hervir), consiguiendo que el aceite no se caliente a temperaturas de fritura (+140), donde se deteriora, si no que mantenga buena parte de sus propiedades antioxidantes. A esa temperatura, además, las carnes no sufren una cocción tan agresiva como la que se lleva a cabo a la brasa o al horno, así que quedan más tiernas, como en el caso de los escabeches de caza o los "confit" de muslo de pato. La presencia de hierbas de bajo monte y piel de cítrico se transmite en disolución de aceites esenciales, tanto en el líquido como en el aceite. El alcohol de la sidra se evapora a través del aceite, pero los minerales, almidones y fibras de la carne y las verduras se diluyen en la parte de sidra que no se evapora, concentrándose con los componentes vegetales de la sidra… ¡hay que ver la cantidad de cosas que pasan en una simple caldereta!

INGREDIENTES

8-10 fresas
2 cucharadas de azúcar moreno
1 vaso de hielo picado
50 ml de vinagre de vino rojo
2 cucharadas de agua con gas

ELABORACIÓN

Trocea las fresas y machácalas en un mortero con el azúcar. Añade el vinagre y mezcla bien. Reparte las fresas en los vasos (hasta la mitad) y llénalos con el hielo picado. Agrega una cucharada de agua con gas en cada vaso. Sirve con pajita.

FRESA REFRESCANTE

El término *cooler* se emplea en coctelería para designar a aquellos "tragos largos" que se estiran con agua con gas para refrescar y ayudar a digerir.

SALPICÓN DE CONFIT DE PATO

INGREDIENTES

2 muslos de pato confitados
150 g de bacalao desalado
3 patatas
½ cebolleta
60 g de habitas fritas
1 naranja de mesa
3 guindillas en vinagre
1 cucharada de alcaparras
1 pepinillo
1 cucharadita de mostaza
aceite de oliva
sal
pimienta

ELABORACIÓN

Pela las patatas y córtalas en rodajas. Calienta una sartén y añade un chorrito de aceite. Introduce las patatas, salpimienta y deja que se doren a fuego fuerte.

Baja el fuego, tapa y deja que se sigan cocinando durante 10-12 minutos. Resérvalas calientes.

Pela la naranja retirando toda la piel blanca y saca unos gajos. Resérvalos en un plato. Exprime el jugo del resto de la naranja en un vaso y resérvalo.

Desmenuza el bacalao en un bol. Pica finamente la cebolleta y añádela. Incorpora las habas, la mostaza y las alcaparras. Pica finamente el pepinillo y 2 guindillas y agrégalos. Vierte el jugo de la naranja que habías reservado y un chorro de aceite de oliva. Mezcla bien y reserva.

Calienta el confit de pato en el microondas durante 2 minutos. Escurre la grasa del confit, retira la piel, deshuésalo y desmenúzalo.

Emplata con ayuda de un molde redondo hueco. Pon en el fondo una capa de rodajas de patata. Coloca encima el pato, la mezcla de bacalao y unos gajos de naranja. Desmolda y decora con una guindilla.

BATIDO DE PLÁTANO

INGREDIENTES

2 plátanos
125 ml de horchata de chufa
40 g de almendras picadas
50 g de chocolate
canela en polvo

ELABORACIÓN

Pela los plátanos, córtalos en rodajas y ponlos en el vaso de la batidora. Añade la horchata y tritura.

Agrega las almendras picadas.

Reparte el batido en las copas. Espolvorea por encima de cada copa una pizca de canela y un poco de chocolate rallado. Sirve.

SALPICÓN DE ESCABECHE DE POLLO

En los países cálidos como México, el picante ayuda a agilizar la digestión y actúa, a la vez, como conservante. En España, por el contrario, aunque exista verdadero furor por el picante, se conserva más con aceite de oliva o vinagre; o con ambos: es el caso del escabeche. En cada tarro de escabeche de mejillones, de bonito o perdiz, si sabes leer bien, se encuentra una buena parte de la historia de la alimentación española.

INGREDIENTES

2 muslos de pollo
2 zanahorias
1 puerro
3 dientes de ajo
vinagre
aceite de oliva
sal
pimienta
2 hojas de laurel
½ cucharadita de comino
1 cucharadita de pimentón
1 cucharadita de orégano
perejil picado

Para el salpicón
8 champiñones
2 pimientos rojos en conserva
200 g de judiones segovianos
80 g de cebolletas en vinagre
sal

ELABORACIÓN

Salpimienta los muslos de pollo y dóralos en una cazuela con un chorrito de aceite de oliva. Retira la cazuela del fuego y saca los muslos a un plato.

Pon de nuevo la cazuela al fuego y vierte otro chorrito de aceite. Añade los dientes de ajo laminados, las hojas de laurel, el puerro y las zanahorias picados en brunoise (daditos). Saltea brevemente. Retira la cazuela del fuego e incorpora el comino, el pimentón y el orégano. Ponla de nuevo al fuego y rehoga suavemente. Vierte el vinagre (150 ml) y el aceite (300 ml). Introduce de nuevo el pollo dejando la piel hacia arriba y cocínalo durante 20-25 minutos.

Para la guarnición, saltea las cebolletas en una sartén sin nada de aceite, echa un chorrito del aceite del escabeche y dóralas un poco. Corta los pimientos en brunoise y los champiñones en cuartos e incorpóralos. Sazona y agrega los judiones. Saltea todo brevemente y pásalo a la cazuela del pollo y dale un hervor para que se mezclen los sabores.

Sirve la guarnición en el fondo del plato, pon encima el muslo de pollo y espolvorea con un poco de perejil picado.

CARPACCIO DE PERA Y QUESO DE OVEJA

INGREDIENTES

2 peras
1 cuña de queso de oveja
80 g de nueces peladas
2 cucharadas de miel

ELABORACIÓN

Corta la cuña de queso en lonchas.

Corta las peras por la mitad, retírales las semillas, pélalas y córtalas en gajos.

Sirve las nueces, el queso y las peras sobre dos platos llanos. Salpica los platos con unos hilos de miel y sirve.

CHULETA DE BUEY CON TSASIKI Y CEBOLLETAS

INGREDIENTES

1 chuleta de vaca (500 g) sin hueso
2 cebolletas
8 setas
aceite de oliva
sal
1 cucharadita de pimienta de Sichuán
½ cucharadita de hebras de azafrán
romero

Para la tsasiki
1 yogur natural
1 pepino pequeño
½ diente de ajo
sal
unas hojas de menta fresca
perejil picado

ELABORACIÓN

Atempera la chuleta en el horno a 50 grados durante media hora. Reserva.

Para la tsasiki, corta el pepino por la mitad, retira las semillas con ayuda de un sacabolas y rállalo sobre un bol. Añade una pizca de sal y el yogur. Pica finamente la menta y el diente de ajo e incorpóralos. Agrega una cucharada de perejil picado y mezcla bien. Reserva.

Parte las cebolletas en cuartos. Corta la parte verde de los tallos en cuartos de luna. Corta las setas en juliana fina.

Aplasta los granos de pimienta con un cuchillo.

Pon una sartén a calentar, incorpora las hebras de azafrán, rehógalas brevemente y resérvalas en un plato.

Vierte un chorrito de aceite en una sartén, coloca las cebolletas y los rabillos picados y sazona. Agrega la pimienta, el azafrán y las setas y rehoga brevemente. Pon la tapa y cocina a fuego suave durante 5 minutos aproximadamente.

Cocina la chuleta en una sartén con un chorrito de aceite, de tal manera que quede crujiente por fuera y crudita por dentro. Escúrrela sobre papel de cocina y trocéala.

Emplata las verduras con ayuda de un cortapastas redondo. Decóralas con un trocito de romero. Pon al lado la chuleta y sazónala. Acompaña con el tsasiki.

MANZANAS EN INFUSIÓN DE MENTA Y EUCALIPTO

INGREDIENTES

3 manzanas granny smith
3 hojas de eucalipto secas
2 sobres de menta poleo
2 bolas de sorbete de mandarina
1 lima
1 l de agua

ELABORACIÓN

Para la infusión de eucalipto, pon el agua y las hojas de eucalipto en una cazuela grande. Cuando empiece a hervir, retira la cazuela del fuego y añade los 2 sobres de menta poleo.

Pela las manzanas y retírales el corazón. Introduce las pieles y los corazones en la cazuela de la infusión. Tapa y deja reposar durante 5 minutos.

Corta las manzanas en medias lunas, ponlas en una fuente de horno y salpícalas con unas gotas de zumo de lima. Cuela la infusión sobre las manzanas, tápalas con papel de cocina y déjalas macerando un rato. Puedes servirlas a tu gusto: calientes, templadas o frías.

Rellena las copas con las manzanas y mójalas con la infusión. Pon encima de cada copa una bola de sorbete de mandarina. Ralla un poco de cáscara de lima y sirve.

BACALAO Y CHAMPIÑONES CON JUDÍAS VERDES

INGREDIENTES

2 lomos de bacalao desalado de 150 g cada uno
100 g de champiñones laminados
1 loncha gruesa de jamón serrano
150 g de judías verdes
3 ajos frescos
½ cucharadita de pulpa de pimiento choricero
100 ml de vino blanco
aceite de oliva

ELABORACIÓN

Pica los ajos frescos y saltéalos en una tartera con un chorrito de aceite. Incorpora los champiñones laminados y las judías verdes troceadas. Rehoga bien.

Añade la pulpa de choricero y el vino blanco. Agrega el jamón cortado en daditos y remueve bien. Introduce el bacalao. Tapa, retira la cazuela del fuego y deja que repose durante 5-6 minutos.

Sirve.

MILHOJAS DE MANZANA

INGREDIENTES

1 lámina de hojaldre
3 manzanas
170 g de azúcar moreno
1 huevo
3 yemas de huevo
½ l de leche
40 g de harina refinada de maíz
80 g de mantequilla
½ cucharadita de canela en polvo

ELABORACIÓN

Para hacer la crema pastelera, pon la leche a calentar en una cazuela con 120 gramos de azúcar moreno y la canela. Bate con la varilla para que todo se disuelva bien. No dejes que hierva.

Pon en un bol las yemas con la harina de maíz. Bate. Añade un cazo de leche caliente y remueve bien para que se integren todos los ingredientes. Sigue añadiendo el resto de la leche y mezcla. Pasa todo a la cazuela y ponla de nuevo al fuego. Sigue cocinando a fuego suave sin parar de remover hasta que se espese. Introduce la crema en una manga pastelera y deja que se enfríe en el frigorífico.

Mientras tanto, corta el hojaldre en tres rectángulos y ponlos en una bandeja apta para el horno cubierta con papel de hornear. Píntalos con huevo batido y hornea a 200 grados durante 5-6 minutos.

Pela las manzanas, descorazónalas y córtalas en gajos. Saltea los gajos en una sartén. Cuando se calienten un poco, introduce el resto del azúcar y la mantequilla troceada según se vaya necesitando.

Retira los hojaldres del horno y ábrelos por la mitad a lo largo. Pon sobre una de las bases los gajos de manzana. Coloca encima otro trozo de hojaldre con la parte interior hacia arriba y cúbrelo con la crema pastelera. Por último, finaliza el milhojas con otro trozo de hojaldre. Sirve.

FIDEUÁ DE VERDURAS CON CHIPIRONES

INGREDIENTES

6 chipirones
160 g de fideos cabello de angel
6-8 espárragos verdes
½ brócoli
1 calabacín
1 cebolleta
1 diente de ajo
450 ml de caldo de pescado
aceite de oliva
sal
perejil picado

ELABORACIÓN

Lamina el ajo y dóralo en una paellera con un chorro de aceite de oliva. Incorpora los fideos y sofríelos bien.

Escurre el exceso de aceite y resérvalos.

Limpia los chipirones, separa los cuerpos y el resto. Saltea todo en una paellera con un chorro de aceite de oliva. Retira los cuerpos a un plato y resérvalos.

Introduce el calabacín cortado en dados. Parte la cebolleta por la mitad y corta el tallo en rodajitas. Incorpora todo a la paellera. Agrega los espárragos troceados. Añade los ramilletes de brócoli. Deja que todo se poche bien.

Cuando se pochen las verduras, introduce los fideos y mezcla bien. Vierte caldo caliente hasta que los fideos queden bien cubiertos. Sazona. Hornea a 220-240 grados durante 4-5 minutos.

Retira la cazuela del horno y extiende encima los chipirones. Espolvorea con perejil picado y sirve.

PERLAS DE MELÓN EN ALMÍBAR DE MENTA

INGREDIENTES

1 melón pequeño
1-2 cucharadas de jarabe de arce
menta fresca

ELABORACIÓN

Abre el melón por la mitad a lo largo, retira las pepitas y ponlas en un colador. Aplástalas bien con una cuchara para que suelten todo el jugo. Añade el jarabe de arce y mezcla bien. Agrega unas hojas de menta finamente picadas.

Haz bolas de melón con un sacabolas y repártelas en dos copas. Vierte el almíbar de menta sobre el melón y sirve.

CALDOSO DE ALBÓNDIGAS CON KOKOTXAS DE BACALAO

INGREDIENTES

400 g de carne picada de gallina
8 kokotxas de bacalao
100 g de mi-cuit de foie gras
50 g de miga de pan duro
1 cebolleta
1 rama de apio
6 espárragos verdes
6 setas shitake
100 g de harina
25 ml de nata
aceite de oliva
sal
pimienta
perejil picado

ELABORACIÓN

Para las albóndigas, pon en un bol la carne picada, el foie troceado, una pizca de sal, una pizca de pimienta y la nata. Amasa bien y ralla encima la miga de pan. Sigue amasando hasta que todos los ingredientes queden perfectamente integrados. Coge pequeñas porciones de masa, redondéalas, pásalas por un poco de harina y resérvalas.

Para el aceite, pica el tallo de la cebolleta, colócalo en el vaso de la batidora, cubre con aceite y tritura. Cuela la mezcla y resérvala en el frigorífico.

Para la salsa, pica finamente la cebolleta y ponla a rehogar en una cazuela con un chorrito de aceite. Corta el apio finamente y añádelo. Corta los espárragos verdes en cilindros y las setas en daditos e incorpóralos. Cubre con agua y cocina todo durante 2 minutos aproximadamente. Introduce las albóndigas y cocínalas durante un par de minutos. Dales la vuelta, incorpora las kokotxas y cocina todo junto durante un par de minutos.

Emplata, espolvorea con un poco de perejil picado y sirve.

CREMA DE MANGO CON MASCARPONE

El mango, una fruta muy rica en vitaminas A y C. 200 g de mango aseguran todo el aporte vitamínico de betacaroteno (provitamina A). Su fibra, además, es soluble en agua, así que la crema no se cortará como en el caso de otras frutas como la manzana cruda o los cítricos.

INGREDIENTES

2 mangos maduros
200 g de queso mascarpone
2 rodajas de naranja confitada
2 cucharadas de jarabe de arce
1 rama de romero

ELABORACIÓN

Coge uno de los mangos, saca 4 gajos finos con piel y resérvalos. Pela el resto, trocéalos y colócalos en una jarra. Agrega el queso mascarpone y tritura.

Distribuye la mezcla en 4 copas, adorna cada una con un gajo de mango, unos trocitos de naranja escarchada y unas hojitas de romero. Rocía cada copa con un poco de jarabe de arce y sirve.

MAGRET DE PATO Y CHOPSUEY DE TOFU

INGREDIENTES

1 magret de pato
200 g de tofu
1 mazorca de maíz cocida
1 cucharada de maices tostados
60 g de setas shitake
60 g de brotes de soja
1 cebolleta
3 cucharadas de tamari
aceite de oliva
sal
1 cucharadita de semillas de sésamo tostado (blanco y negro)

El tofu tiene excelentes niveles de calcio, de proteínas de origen vegetal y de hidratos de carbono. Además, al tratarse de un preparado que elimina gran parte de la piel de la legumbre es mucho más digerible que las legumbres en su estado puro.

ELABORACION

Haz unos cortes superficiales (en forma de rombo) por la parte de la grasa del magret y fríelo en la sartén (primero por la parte de la grasa) durante unos 3-4 minutos aproximadamente. Retira la mayor parte de la grasa que haya soltado. Colócalo por el otro lado y cocínalo durante 2 minutos más. Retíralo a un plato y déjalo reposar un poco antes de cortarlo en filetes. Reserva la sartén para cocinar las verduras.

Con un cuchillo saca los granos de la mazorca de maíz. Pica la cebolleta y las setas en juliana.

Pon de nuevo la sartén al fuego, si hiciera falta, agrega un poco de la grasa de pato. Agrega la cebolleta, el maíz, un chorrito de aceite de oliva, las setas y los brotes de soja. Saltea todo durante unos 3-4 minutos. Apaga el fuego y añade una pizca de sésamo negro y otra de sésamo blanco.

Rocía los trozos de tofu con el tamari y cocínalos en una sartén con un chorrito de aceite.

Pon los maices tostados en un mortero y machácalos hasta que queden bien picaditos.

Sirve el tofu y las verduras en la base del plato. Pon encima los filetitos de pato, sálalos y salpica todo con los maices tostados.

SEMIFRÍO DE PLÁTANO Y MACADAMIA

INGREDIENTES

Para 4 personas
4 plátanos
100 g de azúcar moreno
40 g de mantequilla
5 hojas de gelatina
350 ml de nata para montar
6 nueces de macadamia
75 g de chocolate negro apto para celíacos
2 cucharadas de miel

ELABORACIÓN

Funde la mantequilla en una sartén, pela los plátanos, trocéalos y añádelos a la sartén. Cuando empiecen a cambiar de color, agrega el azúcar. Saltéalos, vierte 100 ml de agua y mezcla bien.

Pon las hojas de gelatina en remojo en agua fría. Cuando se ablanden, escúrrelas y añádela a la sartén con los plátanos. Cuando se disuelvan, pasa los plátanos a un bol y tritúralos con la batidora eléctrica. Para enfriarlo rápidamente, introduce el bol dentro de otro más grande con agua y unos hielos.

Por otro lado, pon la nata en otro bol y móntala con una batidora de varillas.

Mezcla los 2 fluidos (plátanos y nata) con movimientos suaves y envolventes. Rellena 4 vasos de plástico (de los de usar y tirar), tápalos con plástico de cocina e introdúcelos en el congelador hasta que se endurezcan (aproximadamente 1 hora y cuarto).

Para la salsa, pon el chocolate en un bol, vierte la miel y tápalo con plástico de cocina. Introdúcelo en el microondas durante 1-2 minutos para que se funda el chocolate. Retira el bol del microondas, destápalo con cuidado y vierte un chorrito de agua. Bate bien con una varilla manual hasta que la salsa quede homogénea.

Sirve el helado en un plato hondo, salsea con la salsa de chocolate y espolvorea con un poco de nuez de macadamia rallada.

ARROZ DE RODABALLO

INGREDIENTES

1 rodaballo de 800 g (aprox.)
4 nécoras
200 g de arroz bomba
2 cebollas moradas
2 tomates
1 puerro
1 rama de apio
40 g de setas frescas
40 g de setas secas
4 alcachofas
aceite de oliva
sal
pimienta
orégano fresco

ELABORACIÓN

Corta la cabeza del rodaballo y resérvala para el caldo. Saca los lomos y resérvalos.

Pon las nécoras en un bol, aplástalas con el palo del mortero y pon dos en una sartén con un chorro de aceite de oliva y otras 2 en una cazuela con aceite de oliva y la cabeza del rodaballo. Cuando las nécoras de la sartén hayan soltado sus jugos pásalas a la cazuela. Incorpora una cebolla cortada en juliana. Trocea un tomate y añádelo. Deja que se cocine todo unos minutos y vierte agua que cubra. Añade el apio y el puerro finamente picados.

Agrega las setas secas picadas. Deja que se cocine durante 20-25 minutos a partir del primer hervor. Cuela el caldo y resérvalo.

En la sartén donde habías dorado las nécoras, introduce la otra cebolla finamente picada. Deja que se dore e introduce el otro tomate troceado.

Limpia las alcachofas, córtales el tallo y la punta y retírales los pelillos del centro. Corta cada una en 8 trozos de tamaño similar y saltéalas en una sartén con un chorrito de aceite, sal y pimienta.

Incorpóralas al sofrito de verduras. Vierte el arroz y rehógalo bien.

Añade las setas frescas picadas. Agrega unas hojitas de orégano picadas. Vierte el caldo, 3 veces la cantidad de arroz. Pon a punto de sal. Coloca los lomos de rodaballo encima y hornea a 200-215 grados durante 10-12 minutos.

Sirve.

TUNNING DE TORTILLA DE PATATA

INGREDIENTES

1 patata
3 yemas de huevo
1 clara de huevo
1 cebolleta (la parte verde)
aceite de oliva
sal

ELABORACIÓN

Pica finamente la parte verde de la cebolleta y saltéala en una sartén con un chorrito de aceite y una pizca de sal.

Cuando se dore, pásala a un bol con aceite frío y resérvala.

Para hacer el sabayón, pon las yemas y la clara de huevo en un bol al baño maría y bátelas bien hasta que coja la consistencia de una crema suave.

Corta la patata en tiras finas (paja) y fríelas en una sartén con un chorrito de aceite de oliva de tal manera que se peguen entre sí para que quede una especie de torta fina.

Trocea la torta y sírvela con un poco de sabayón y unos trocitos de cebolleta.

Carré de cordero y papillote de champiñones

Ingredientes

1 costillar de cordero limpio (600 g)
12 champiñones
aceite de oliva
sal
pimienta
perejil picado
1 rama de romero

Para la salsa romesco
1 cabeza de ajos
3 tomates
1 pimiento rojo
150 g de almendras
150 g de avellanas
1 cucharadita de pulpa de pimiento choricero
aceite de oliva

Elaboración

Para hacer la salsa romesco, envuelve la cabeza de ajos en un trozo de papel de aluminio y colócala en una fuente apta para el horno. Haz una cruz en la parte inferior de los tomates y ponlos en la misma fuente. Introduce también el pimiento rojo y riega todo con un buen chorro de aceite de oliva. Hornea a 200 grados durante 50 minutos aproximadamente.

Retira las hortalizas, tápalas con un paño y deja que se templen. Después, pélalas y colócalas en un bol grande. Cuela encima el jugo que hayan soltado. Incorpora las almendras, las avellanas, la pulpa de pimiento choricero y una pizca de sal y tritura con una batidora eléctrica. Vierte un chorrito de aceite de oliva y mezcla con una varilla manual.

Retira los tallos de los champiñones y limpia los sombreros con un papel de cocina humedecido en agua caliente. Coge un trozo grande de papel de aluminio, extiende los champiñones a uno de los lados, espolvoréalos con un poco de perejil picado, añade unas púas de romero, un chorro de aceite, una pizca de sal y otra de pimienta. Cierra el papel de manera que quede un paquete herméticamente cerrado e introdúcelo en el horno a 200 grados durante 14 minutos aproximadamente.

Dora el costillar en una sartén con un chorrito de aceite. Pásalo a una placa de horno, méchalo con el resto de la rama de romero y riégalo con un chorrito de aceite. Cocínalo en el horno a 200 grados durante 8 minutos aproximadamente.

Coloca los champiñones a un lado de la fuente, pon al otro la salsa romesco y el carré en el centro. Sazónalo y sirve.

En casi todas las recetas los huevos se acaban usando completamente crudos. En este caso vamos a adaptar la receta aplicándoles una cocción de sabayón francés, montándolos en caliente, para que la textura final del conjunto sea aún más esponjosa que pesada.

TIRAMISÚ EN COPA

INGREDIENTES

150 g de queso mascarpone
4 huevos
8 bizcochos de soletilla
20 g de cacao amargo
50 g de azúcar moreno
1 café largo exprés
50 ml de amaretto (licor de almendras amargas)

ELABORACIÓN

Calienta el queso mascarpone y bátelo con una varilla manual hasta que tenga una textura esponjosa.

Pon a calentar una cazuela con agua, coloca dentro un bol grande (es importante que sobresalga de la cazuela para que no le pueda entrar agua). Casca los huevos en el bol. Agrega el amaretto y el azúcar y monta todo con una batidora eléctrica de varillas. Incorpora el mascarpone y mezcla con movimientos suaves y envolventes.

Extiende los bizcochos de soletilla sobre un plato. Úntalos con el café hasta que se empapen bien.

Coge un par de copas anchas, coloca dentro de cada una 1 cucharada de café, 2 bizcochos de soletilla, una buena capa de crema, otros 2 bizcochos y una capa final de crema. Introduce las copas en el frigorífico y resérvalas hasta el momento de servir.

Con ayuda de un colador, espolvoréalas con un poco de cacao en polvo. Opcional: si quieres, puedes adornarlas con un par de granos de café

CALDOSO ESPECIADO DE MEJILLONES

INGREDIENTES

400 g de mejillones frescos
250 g de verduras congeladas
4 tomates secos rehidratados en aceite
1 cebolleta
aceite de oliva
sal
1 pizca de ras al hanut

ELABORACIÓN

Pon las verduras congeladas en un bol con un poco de agua. Cúbrelas con un trozo de plástico de cocina y cocínalas en el microondas a toda potencia durante 6 minutos.

Pica finamente la cebolleta y los tomates deshidratados y póchalos en una tartera con un chorro de aceite de oliva.

Sazona, agrega el ras al hanut y rehoga bien. Incorpora las verduras congeladas y mezcla bien.

Introduce los mejillones y remueve. Tapa y deja que se abran. Emplata a tu gusto y sirve.

Ras al hanut: mezcla de especias que incorpora cúrcuma y comino oriunda de los países del Magreb, con la que habitualmente se elaboran los pinchos morunos.

BRAZO GITANO DE FRUTOS ROJOS

INGREDIENTES

Para 6 personas
600 g de queso fresco tipo quark
3 hojas de gelatina
100 g de mermelada de arándanos
150 g de orejones de albaricoque
150 g de frutos rojos
hojas de menta

Para el bizcocho
5 huevos
100 g de harina
100 g de azúcar glas

En este caso el bizcocho ya lleva 5 huevos, casi una ración de proteína animal por persona. Escogiendo un fermento lácteo relativamente bajo en grasa como el quark (queso fermentado alemán bajo en grasa, alrededor del 10%, de textura firme, un poco más densa que la del yogur griego) mantenemos la sensación de untuosidad, reforzando su acidez con la de los frutos rojos, en plena sintonía.

ELABORACIÓN

Para hacer el bizcocho, monta los huevos en un bol con la batidora de varillas. Cuando estén semimontados, incorpora el azúcar tamizada con un colador y la harina de la misma manera. Mezcla bien y extiende la masa en una bandeja de horno cubierta con papel de hornear. Hornea a 205 grados durante 8-10 minutos.

Mientras tanto, ablanda las hojas de gelatina en un bol con agua fría. Pon un poco de queso en un cazo. Incorpora las hojas de gelatina y remueve para que se deshagan.

Pon el resto del queso en un bol. Incorpora la mermelada (reserva un poco para decorar) y mezcla bien. Agrega el queso caliente con ayuda de un colador y vuelve a mezclar. Deja que se enfríe en el frigorífico para que coja consistencia.

Retira el bizcocho del horno. Esparce por encima una buena capa de crema (dejando un trozo libre al final para que al enrollar no se salga la crema). Añade los frutos rojos y los orejones finamente picados (reserva unos pocos para decorar). Enrolla el bizcocho con cuidado.

Unta el brazo gitano con mermelada y decora con frutos rojos, trocitos de albaricoque y unas hojitas de menta.

Esta receta contiene alimentos altamente antioxidantes o detoxificantes. En el primer caso, la cúrcuma es muy recomendable para introducir en todo tipo de vinagretas o para aderezar carnes o pescados una vez fuera del fuego. El perejil y la menta aportan altos niveles de clorofila y vitamina C.

TABULÉ

INGREDIENTES

Para 4 personas
80 g de cuscús instantáneo
1 tomate grande
1 cebolleta
1 pepino
½ limón
aceite de oliva
sal
pimienta
½ cucharadita de cúrcuma
4-6 hojas de menta fresca
1 manojo grande de perejil

ELABORACIÓN

Separa los tallos del manojo de perejil y pica las hojas finamente. Pica también las hojas de menta.

Pela el pepino y córtalo en daditos. Corta la cebolleta y el tomate en daditos del mismo tamaño que los de pepino.

Pon el perejil, la menta, la cebolleta, el pepino y el tomate en un bol grande. Añade el cuscús y salpimienta a tu gusto.

Exprime el zumo del medio limón sobre un recipiente. Agrega la cúrcuma y un buen chorro de aceite de oliva. Bate bien hasta que todos los ingredientes queden bien integrados.

Vierte la salsa sobre el bol y mezcla bien para que todos los ingredientes queden bien impregnados. Deja reposar como mínimo durante 15 minutos antes de servir.

PICANTÓN EN CAMISA DE FOIE GRAS DE PATO Y CALVADOS

ELABORACIÓN

Unta el picantón con un poco de aceite y salpimiéntalo.

Coge una botella de cerveza e introduce una ramita de romero y el vino blanco. Pon la botella dentro del picantón por la parte del "culo" y déjalo como si estuviera de pie.

Pon el foie gras en un bol, añade el calvados y mezcla bien. Embadurna el picantón con esta mezcla.

Vierte un chorro de agua en la placa del horno y coloca encima la botella con el picantón. Hornea a 200 grados durante 35 minutos.

Por otro lado, corta la raíz de apio en dados y rehógalos brevemente en una cazuela con un chorrito de aceite. Agrega las lentejas, remueve un poco y vierte el agua (2 dedos por encima), el bouquet garni y una pizca de sal. Cocina a fuego suave durante 30-40 minutos. Agrega la nuez de mantequilla y remueve la cazuela hasta que se funda.

Saca la bandeja del horno y retira el picantón con la botella. Agrega un par de cazos de lentejas a la bandeja del horno y desglásala. Pásalas de nuevo a la cazuela y si hiciera falta dales un breve hervor para que se calienten. Pica la mitad de las hojas de mejorana, añádelas y mezcla bien.

Sirve las lentejas en el fondo de una fuente, coloca encima el picantón y adorna con unas hojitas de mejorana.

INGREDIENTES

1 picantón
150 g de mi-cuit de foie gras
150 g de lentejas del puy
¼ de raíz de apio
una nuez de mantequilla
40 ml de calvados
100 ml de vino blanco
aceite de oliva
sal
pimienta
una rama de romero
unas hojas de mejorana
1 bouquet garní (laurel, tomillo, romero)

BRUJAS Y GAMBAS, PURÉ Y CONSOMÉ

INGREDIENTES

1 gallo grande
8 gambas
200 g de alubias blancas cocidas
1 cebolleta
1 hinojo
2 ramas de apio
1 puerro
1 cucharadita de salsa de soja
aceite de oliva
sal
pimienta
hierbas provenzales

ELABORACIÓN

Saca los lomos del gallo y resérvalos. Dora las espinas y la cabeza del gallo en una sartén con un chorrito de aceite. Corta la parte verde de la cebolleta y un cachito del tallo del hinojo y añadelos a la sartén. Agrega una rama de apio troceada. Cubre con agua y deja que se cocine unos 15 minutos aproximadamente.

Pon las alubias en el vaso de la batidora. Vierte un poco de caldo y un buen chorro de aceite. Tritura hasta conseguir una crema suave. Pásala a un cazo y caliéntala a fuego suave.

Para hacer el consomé, pica finamente la otra rama de apio, el puerro y el hinojo. Deja que se pochen a fuego suave en una cazuela con un chorro de aceite de oliva. Cuela el caldo sobre la cazuela. Sazona y espolvorea con hierbas provenzales al gusto. Mantenlo caliente.

Pela las gambas y resérvalas. Saltea las cabezas en una sartén con un chorrito de aceite. Salpimienta. Aplástalas un poco para que suelten todo el jugo. Pásalas a un bol con aceite frío y resérvalas.

Pon 2 gambas sobre cada lomo de gallo. Salpimienta, enróllalos y sujétalos con un palillo de brocheta. Fríe las caracolas de gallo (brujas) en una sartén con un chorro de aceite. Retira los palillos.

Sirve la crema de alubias en el fondo del plato. Coloca encima el pescado y riega cada rollito con una gotita de salsa de soja. En el momento de servir, vierte alrededor el consomé.

MANZANAS CARAMELIZADAS CON ESPUMA DE LECHE

INGREDIENTES

3 manzanas
120 ml de miel
200 ml de leche de oveja
2 hojas de gelatina
2 cucharadas de azúcar moreno
1 nuez de mantequilla

ELABORACIÓN

Pon las hojas de gelatina en agua fría y deja que se ablanden.

Calienta la leche. Introduce las hojas de gelatina escurridas y remueve hasta que se disuelvan.

Prepara un bol grande con agua fría y hielos. Introduce el cazo de la leche en el bol de los hielos y deja que se enfríe para que coja cuerpo. Después, bate con la batidora de varillas para que se monte y se espume.

Pela las manzanas y córtalas en dados. Saltéalos en una sartén con un poco de mantequilla. Agrega la miel y remueve bien.

Reparte los dados de manzana en dos vasos. Vierte por encima la leche espumada. Espolvorea con una cucharada de azúcar, caramelízala con un soplete y sirve.

CALAMAR SORPRESA

INGREDIENTES

350 g de carne picada
7 calamares limpios
1 cebolleta
4 champiñones
2 ajos frescos
1 cogollo
1 pepinillo en vinagre
1 cucharada de alcaparras en vinagre
unas gotas de salsa picante
1 cucharadita de mostaza de dijon
1 cucharada de salsa worcester
aceite de oliva
sal
pimienta
perejil picado

ELABORACIÓN

Pon la carne picada en un bol. Salpimienta y agrega la mostaza, las gotitas de salsa picante y la salsa worcester. Agrega las alcaparras y el pepinillo finamente picados. Mezcla bien y reserva.

Corta la cebolleta por la mitad y separa 6 capas, como si fueran pequeñas cucharas. Rellénalas con el tartar e introduce cada una en un calamar.

Pica en tiras finas el otro calamar y salpimiéntalas. Saltéalas en una sartén con un chorro de aceite de oliva. Escurre sobre papel absorbente y reserva.

Saltea los calamares a fuego fuerte en una sartén con un chorro de aceite de oliva y una pizca de sal. Reserva.

Mientras tanto, en otra sartén, saltea los tentáculos de los calamares, los ajos frescos picados y los champiñones laminados. En el último momento espolvorea con perejil picado.

Abre el cogollo por la mitad y saltéalo en una sartén con un chorrito de aceite.

Corta los calamares a tu gusto y emplátalos con una mitad de cogollo. Acompaña con el salteado y con las tiras de calamar fritas.

BROWNIE CALIENTE DE PLÁTANO

Aunque hoy día nos parece que el plátano es un alimento originalmente americano, hablamos de una fruta que fue introducida en América por los españoles desde Canarias, donde se cultiva desde el siglo XV, tiempo en el que llegó del sureste asiático. Precisamente se elabora allí por el perfecto clima subtropical del archipiélago. Destacar una de sus virtudes nutritivas: la naturaleza de su fibra, que regula el tránsito intestinal y ejerce un efecto protector frente al cáncer de colon.

INGREDIENTES

2 plátanos maduros
3 huevos
50 g de harina
90 g de chocolate negro
40 g de azúcar moreno
30 g de nueces peladas
30 ml de ron

ELABORACIÓN

Pela los plátanos, ponlos en un bol y aplástalos con una varilla. Vierte el ron y remueve bien. Repártelo en dos moldes individuales.

Para el sabayón, pon 3 huevos en un bol al baño maría. Agrega el azúcar y bate con la batidora de varillas. Incorpora poco a poco la harina mientras sigues batiendo. Introduce las nueces finamente picadas.

Trocea el chocolate, ponlo en un bol pequeño con un chorrito de agua, tápalo con plástico de cocina y fúndelo en el microondas durante 30 segundos. Termina de deshacerlo con un tenedor. Añade el chocolate al bol del baño maría mientras sigues batiendo. Mezcla bien.

Vierte la masa sobre los moldes (sin llegar hasta arriba de tal manera que quede espacio para que suba). Hornea a 205-210 grados durante 8-10 minutos. Sirve.

INGREDIENTES

2 manitas de cerdo cocinadas al vacío
150 g de ñoquis de patata
40 g de jamón serrano picado
2 alcachofas
1 trozo de calabaza de 150 g
1 lata de champiñones en conserva (180 g)
15 judías verdes
aceite de oliva
sal

Para la salsa pesto
1 manojo de albahaca
80 g de queso parmesano
1 diente de ajo
40 g de piñones
aceite de oliva
agua con hielos

MANITAS DE CERDO CON PESTO Y CHAMPIÑONES

ELABORACIÓN

Para el pesto, coloca las hojas de albahaca en un colador y escáldalas en una cazuela con agua hirviendo. Enfríalas inmediatamente en un bol con agua fría con hielos. Pica el ajo y colócalo en el vaso de la batidora. Pon las hojas escurridas en el vaso batidor, vierte una buena porción de aceite y añade los piñones y las láminas de queso. Tritura un poco de manera que quede una mezcla granulada.

Pon las manitas en un plato, cúbrelo con plástico de cocina y caliéntalas en el microondas durante 3 minutos aproximadamente. Deshuésalas procurando dejarlas lo más enteras posible. Pon una gota de aceite en una sartén, coloca las manitas y cocínalas durante unos 5 minutos hasta que se doren. Dales la vuelta y cocínalas otros 5 minutos. Úntalas con el pesto y gratínalas en el horno.

Corta la calabaza en dados y rehógalos en una sartén amplia con un poco de aceite. Pela las alcachofas, córtales el tallo y la punta, pícalas y añádelas. Sazona, incorpora las judías tiernas, los champiñones en conserva y el jamón picado. Cocina todo durante 5 minutos aproximadamente. Incorpora los ñoquis y saltéalos.

Sirve una buena porción del salteado y una manita por persona.

PIÑA ESPECIADA CON COULIS Y HELADO

INGREDIENTES

½ piña
100 g de azúcar moreno
350 ml de vino tinto
helado de yogur
anís estrellado
enebro
unos trocitos de regaliz seco en rama
canela en rama

ELABORACIÓN

Pela la piña, córtala por la mitad a lo largo y después saca unos gajos grandes. Extiéndelos en una bandeja de horno, pon al lado unos trocitos de regaliz en rama, unas bolitas de enebro y unos trozos de anís estrellado. Tapa con papel de aluminio y cocina en el horno a 180 grados, durante 35-40 minutos.

Para el coulis, pon a calentar el vino con el azúcar, agrega un trozo de canela y unas bolitas de enebro y deja que reduzca a fuego suave.

Sirve el coulis en el fondo del plato, pon encima unos trozos de piña y acompaña con el helado de yogur.

CORDERO THAI AL CURRY VERDE

INGREDIENTES

600 g de pierna de cordero
150 g de arroz vaporizado precocinado
2 berenjenas
1 cebolleta
1 lima
250 ml de leche de coco
aceite de oliva
sal
pimienta
2 cucharaditas de curry verde
3 hojas de limonero
cilantro fresco

ELABORACIÓN

Corta 4 discos de berenjena de 4 dedos de grosor aproximadamente y haz unos cortes profundos en su carne con la punta del cuchillo. Fríelas bien por todos lados en una sartén con un chorro de aceite de oliva. Cuando estén fritas, retíralas a un plato con papel de cocina para que escurran el exceso de aceite. Retira la carne con cuidado de no romper la piel. Pica la carne y resérvala. Reserva también las pieles.

Retira las grasillas y los huesos de la carne de cordero y córtala en trozos. Pon un chorrito de aceite en una tartera. Introduce el cordero, salpimienta y deja que se dore bien.

Pica finamente la cebolleta y añádela al cordero. Deja que se poche un poco y agrega las hojas de limonero rotas.

Añade el curry verde y rehoga bien. Vierte la leche de coco y un chorrito de zumo de lima. Tapa y cocina a fuego lento durante 20-25 minutos. En el momento de servir, espolvorea con cilantro picado.

Mientras tanto, calienta el arroz en el microondas. Ponlo en un bol y añade la berenjena. Forra la parte interior de un cortapastas con la piel de la berenjena. Rellénalo con el arroz. Desmolda y pon alrededor el cordero. Repite la operación en el otro plato y sirve.

BOMBITAS

INGREDIENTES

300 g de mi-cuit de foie
150 g de chocolate negro
80 g de mantequilla
80 g de granillo de cacahuetes
1 cucharadita de polvo de oro alimentario
cristales de sal

ELABORACIÓN

Pon el foie en un molde y aplástalo bien para que se reparta por toda la superficie. Tápalo bien con un plástico de cocina, de manera que no quede nada de aire y mételo en el frigorífico para que se endurezca. Después, haz bolitas de foie con ayuda de un sacabolas y resérvalas bien frías.

Pon el chocolate con la mantequilla en un bol y derrítelo en el microondas a baja potencia durante 1 minuto y medio.

Para hacer las bombitas, pasa las bolas de foie primero por el cacahuete picado y luego por el chocolate caliente. Déjalas en un plato con un palillo para que se endurezcan.

Emplátalas a tu gusto. Espolvoréalas con un poco de polvo de oro y unos cristales de sal.

SUSHIS VARIOS

INGREDIENTES

8 láminas de alga nori tostadas
250 g de salmón con piel
6 anchoas
80 g de huevas de trucha
1 lata pequeña de erizo de mar
1 mango
4 espárragos verdes
1 cebolleta
1 pepino
1 rabanito
½ limón
20 g de wasabi en polvo
50-60 g de jengibre encurtido
50 g de semillas de sésamo blanco y negro
100 ml de salsa de soja
aceite de oliva
sal
pimienta

Para el arroz
500 g de arroz para sushi
70 g de azúcar
100 ml de vinagre de arroz
100 ml de mirín
un trozo de alga kombu

ELABORACIÓN

Pon el arroz en un colador grande y lávalo hasta que el agua esté transparente. Después, déjalo en remojo durante 25-30 minutos. Escúrrelo, ponlo en una cazuela y cúbrelo con agua, dos dedos por encima del arroz.

Cocínalo a fuego fuerte hasta que hierva. Déjalo hervir durante 30-45 segundos, baja el fuego al mínimo y cocínalo unos diez minutos. Deja que repose durante 15 minutos.

Pon en un cazo el azúcar, el vinagre, el mirín y un trozo de alga kombu. Caliéntalo para que se disuelva el azúcar. Reserva.

Pasa el arroz a un plato de madera o plástico y espárcelo para que se enfríe bien. Ve añadiendo poco a poco el aderezo mientras remueves. Comprueba con las manos que se puede aglutinar. Cuando llegue a ese punto, tápalo con un paño y déjalo reposar.

Abre las anchoas y retírales las espinas. Separa los dos lomos. Pon 4 lomos de anchoas en un plato. Riégalas con 2 cucharadas de salsa de soja y unas gotas de zumo de limón y deja que se marinen.

Pon 8 lomos de anchoa sobre un papel de horno, salpimiéntalos y cocínalos en una sartén con un chorrito de aceite.

Pon las semillas de sésamo blanco y negro en una fuente. Añade un poco de pimienta y mezcla bien. Retira la piel del salmón y resérvala. Corta dos bastones de salmón, pásalos por las semillas y cocínalos a fuego alto en una sartén sin nada de aceite, solo por un lado, de tal manera que quede crudito por el otro.

Fríe la piel del salmón en la misma sartén. Córtala en tiras finas y resérvalas.

Material "extra" necesario.

- Cuenco de madera ancho (sin barnizar) para enfriar el arroz. Si no, las bandejas agujereadas del horno nos pueden ir bien para hacerlo.
- Gasa o paño de algodón blanco para envolver el arroz (40 x 60 cm). Liso, sin dibujo de ningún tipo.
- Esterillas de bambú para enrollar makis

Corta el mango en gajos. Corta el pepino a lo largo, retírale las semillas y haz bastones largos. Abre los espárragos por la mitad a lo largo. Corta la cebolleta en juliana. Reserva todo por separado. Saltea los espárragos y la cebolleta en una sartén con un chorrito de aceite.

Para hacer los makis, pon una lámina de alga nori sobre la esterilla de sushi. Extiende un poco de arroz sobre la lámina. Deja un trozo sin rellenar al final para que no se salga el arroz al enrollar. Coloca sobre el arroz un bastón de pepino, un trozo de salmón, otro bastón de pepino y un trozo de mango. Enróllalo con la ayuda de la esterilla. Moja el borde con un poco de agua para que se pegue bien. Retira la esterilla y recorta los bordes. Repite la operación para hacer otro maki de la misma manera. Corta cada uno en 4 rodajas.

Para hacer un maki distinto, extiende el arroz y pon encima 4 lomos fritos de anchoa, espárragos verdes y cebolleta. Enróllalo y repite la operación para hacer otro igual. Corta cada uno en 4 rodajas.

Para los nigiris, haz 8 croquetas de arroz con las manos y colócalas en el plato. Pon encima de 4 un trozo fino de salmón y una tira de piel de salmón frita. Pon encima de los otros 4 una anchoa marinada y una rodajita de rabanito.

Para los cucuruchos, haz 4 cuadrados pequeños de alga nori. Pon un poco de arroz sobre cada uno y enrolla el alga como si fuera un cucurucho. En el hueco que quede arriba pon un poco de carne de erizo de mar y unas huevas de trucha.

Añade agua al polvo de wasabi hasta que se haga una especie de pasta moldeable. Moldéalo con las manos de tal manera que queden como pequeñas montañas.

Sirve todo en un plato grande. Acompaña con el jengibre encurtido, con el wasabi y con la salsa de soja.

En la elaboración del sushi intervienen (o podemos hacer intervenir) todos los elementos importantes en una cena. Por otro lado, el proceso para hacer sushi es demasiado largo como para pretender, además, introducir una segunda receta. Conclusión: si se introducen las frutas entre los ingredientes, una vez que tenemos el arroz a punto, se trata de combinar elementos diversos. El arroz constituye la fuente de hidratos de carbono, los pescados de proteínas y grasas saludables, las frutas y verduras, así como las algas, de vitaminas, fibra y elementos antioxidantes.

RAPE LANGOSTADO

INGREDIENTES

600 g de rape limpio
1 filetito de hígado de rape
80 g de hojas de escarola
80 g de hojas de rúcula
2 dientes de ajo
2 tomates raf
1 granada
100 ml de aceite de oliva
sal
pimienta
1 cucharadita de pimentón ahumado
2 cucharadas de perejil picado

ELABORACIÓN

Para la marinada, pica finamente los ajos y rehógalos brevemente (sin que cojan color) en una sartén con 50 ml de aceite, el pimentón y el perejil picado. Retira la sartén del fuego y vierte otros 50 ml. de aceite para enfriarlo inmediatamente.

Estira el plástico de cocina sobre la tabla, pon encima las 2 colas de rape, salpimiéntalas y úntalas con la marinada. Envuélvelos con el plástico de cocina procurando que no quede nada de aire en el envoltorio. Colócalos en una bandeja de horno y cocínalos en el horno de vapor a 80 grados durante 10-12 minutos.

Abre el paquete y pasa el jugo que ha soltado el pescado al bol de la marinada. Monta la mezcla con una batidora eléctrica hasta que se emulsione.

Marca los trozos de rape en una sartén con unas gotitas de aceite hasta que se les forme una costrita dorada. Corta el filete de hígado del rape en dados, añádelos a la sartén y dóralos.

Abre la granada por la mitad y desgránala. Pon en un bol las hojas de escarola, las hojas de rúcula, la granada y los dados de hígado de rape. Mezcla bien.

Sirve a un lado unos gajos de tomate y pon encima la ensalada. Coloca al otro lado la cola de rape y salséala con la emulsión de la marinada.

CLAFUTÍS DE PLÁTANO

INGREDIENTES

Para 6 personas
5 huevos
5 plátanos
100 g de harina
100 g de azúcar moreno
50 g de harina de almendra
50 g de almendra granulada
250 ml de nata
50 ml de leche
una nuez de mantequilla
helado al gusto

ELABORACIÓN

Para hacer la crema, casca los huevos en un bol grande y móntalos con una batidora eléctrica de varillas. Cuando estén bien esponjosos incorpora la harina, espolvoreándola sobre el bol con ayuda de un colador poco a poco sin dejar de batir. Cuando esté perfectamente integrada, incorpora el azúcar, la harina de almendra, la nata y la leche, de uno en uno sin dejar de batir.

Pela los plátanos y córtalos en rodajas.

Unta un molde con un poco de mantequilla, vierte la mitad de la crema, distribuye encima la mitad de las rodajas de plátano y espolvorea todo con un poco de almendra granulada. Cubre con el resto de la crema y el resto de los plátanos. Finalmente espolvorea con el resto de la almendra granulada. Acompaña con helado al gusto.

CANELONES DE PESCADO Y CHAMPIÑONES

INGREDIENTES

3 láminas de pasta fresca para lasaña
2 colas de merluza
250 g de champiñones
3 alcachofas
½ calabacín
75 g de miga de pan duro
un puñado de hielos
aceite de oliva
sal
perejil picado

Para la crema de marisco
600 g de gambas y cigalitas congeladas
3 patatas pequeñas
1 cebolleta
600 ml de leche de avena
aceite de oliva
sal
pimienta

ELABORACIÓN

Para la crema de marisco, pon una sartén a calentar con un buen chorro de aceite de oliva. Introduce las gambas y las cigalas, aplástalas un poco con una cuchara de madera, salpimienta y fríelas bien. Escúrrelas sobre un bol con ayuda de un colador y reserva el marisco y el aceite que han soltado por separado.

Pon a calentar una cazuela con un chorro de aceite. Agrega las patatas laminadas y la cebolleta finamente picada. Espolvorea con un poco de pimienta e incorpora el marisco frito. Sofríe todo junto durante unos 10 minutos, vierte la leche de avena y cocínalo durante unos 20-25 minutos. Tritura todo en una batidora de vaso. Vierte un poco del aceite resultante de freír el marisco, sigue batiendo hasta que se emulsione y reserva.

Pon de nuevo la sartén al fuego, agrega un poco del aceite del marisco, añade el calabacín picado y rehógalo un poco.

Una vez peladas las alcachofas, pícalas finamente e incorpóralas a la sartén. Retira el tallo de los champiñones, corta los sombreros en gajos y añádelos. Pon a punto de sal y rehoga todo durante 5 minutos aproximadamente.

Coloca encima las colas de merluza, vierte un chorrito de agua e incorpora la miga de pan rallada. Cocina el relleno durante unos 10 minutos y rómpelo con una cuchara de madera.

Pon abundante agua a cocer, sazónala y vierte un chorrito de aceite. Cuando empiece a hervir, introduce las láminas de lasaña y cuécelas durante el tiempo que indique en el paquete. Sácalas y enfríalas en un bol con agua fría y unos hielos.

Extiéndelas sobre un paño limpio humedecido en agua. Córtalas por la mitad, rellénalas con la farsa y pásalas a un plato. Tapa el plato con plástico de cocina y caliéntalo en el microondas.

Sirve 3 canelones por ración, salséalos con la crema de marisco y adorna con un poco de perejil picado.

NEGRONI DE NARANJAS

INGREDIENTES

3 naranjas sanguinas
50 ml de bíter
100 ml de vermú
1 cucharadita de angostura
150 ml de sorbete de naranja

ELABORACIÓN

Pela las naranjas sin dejar ninguna membrana blanca. A continuación córtalas en trozos de bocado.

Para el negroni, mezcla en un vaso el bíter, la angostura y el vermú rojo.

Sirve en el fondo de las copas tres cucharadas de sorbete de naranja, rellénalas con los trozos de naranja y riégalas con el negroni.

VIEIRAS EN SALTEADO DE PRIMAVERA

INGREDIENTES

6 vieiras
100 g de pasta (farfalle, macarrones, fideos)
100 g de espinacas
80 g de habitas (desgranadas)
3 ajos frescos
40 g de jamón
1 naranja
1 rama de tomillo limonero o hierbaluisa
aceite de oliva
sal

ELABORACIÓN

Pon a cocer la pasta en una cacerola con agua hirviendo, un chorrito de aceite y sal. Cocina durante 8-10 minutos.

Para el aceite aromatizado, pon a calentar aceite (50 ml) en un cazo y añade la rama de tomillo y unas peladuras de naranja. Cocina a fuego suave durante 5 minutos y bate con la varilla (para infusionar). Reserva.

Dora las vieiras en una sartén con un chorrito de aceite. Retíralas a un plato y resérvalas. Pica los ajos y dóralos en la misma sartén. Cuando tomen color, incorpora las habitas, un poco del aceite aromatizado y las espinacas. Sazona y saltea. Añade el jamón picado, incorpora la pasta y cocina durante 2-3 minutos hasta rehogar bien.

Sirve el salteado de primavera en un plato, añade las vieiras y riega el marisco con el aceite aromatizado.

MOUSSE DE NARANJA ROJA

La gelatina se disuelve mejor en medios básicos que en medios ácidos, así que hay que deshacerla primero en un poco de agua caliente para aplicarla después en el zumo de cítrico. Por otro lado, si no se calienta el zumo de naranja la pérdida de vitaminas es menor. Eso sí, si se hace el zumo con las naranjas frías sacadas de la nevera (4-6°), es muy difícil que la gelatina se disuelva bien ya que el impacto térmico solidifica al momento el gelificante. Hay que dejar las naranjas a temperatura ambiente para que el zumo esté a una temperatura óptima para este proceso (15-17°).

INGREDIENTES

200 ml de zumo de naranja roja
1 naranja roja
3 hojas de gelatina
200 ml de nata líquida
75 ml de vermú negro
50 ml de jarabe de arce
30 ml de vinagre de módena

ELABORACIÓN

Para la mousse, pon en remojo las hojas de gelatina en un bol con agua fría hasta que se ablanden. Escúrrelas, ponlas en una cazuela al fuego con agua (50 ml) y bate hasta que se disuelvan. Cuela y reserva.

Pon en un bol el zumo de naranja, la gelatina y el jarabe de arce y bate con una varilla. Deja enfriar sobre otro bol más grande con agua y hielos (baño maría). Una vez frío, añade un poco de ralladura de naranja (reserva la naranja) e incorpora la nata líquida ya montada (móntala con una batidora de varillas). Mezcla bien con una lengüeta haciendo suaves movimientos envolventes. Reserva.

Para la reducción, pon a calentar el vermú y el vinagre en un cazo y deja reducir. Reserva.

Mancha las copas con la reducción de módena y agrega la mousse de naranja por encima. Cubre las copas con plástico transparente y deja enfriar en el frigorífico durante 30-35 minutos. Pasado este tiempo, retira el plástico y sirve con unos gajos de naranja por encima. Decora con un poco de la reducción.

FIDEUÁ DE PULPO "DE LUTO"

La tinta de calamar cruda es tóxica, debe cocinarse para que pierda esta acción, con lo que se vuelve inofensiva.

INGREDIENTES

Para 4 personas

230 g de fideos cabello de ángel
450 g de pulpo cocido
200 g de espárragos verdes
500 g de guisantes con vaina
2 cebollas moradas
1 diente de ajo
200 ml de salsa de tomate
700 ml de caldo de pescado
1 cucharadita de tinta de calamar
aceite de oliva
sal
pimienta
1 cucharadita de pimentón dulce
perejil picado

Lamina el ajo y dóralo en una cazuela con un chorrito de aceite de oliva. Introduce los fideos y sofríelos bien. Escurre el exceso de aceite con ayuda de un colador. Resérvalos.

Trocea el pulpo y cocínalo en la paellera con un chorrito de aceite. Agrega el pimentón dulce y remueve bien. Cuando suelte su sabor, retíralo a una fuente dejando el aceite en la paellera.

Pica finamente la cebolla y sofríela en la misma paellera.

Vierte la salsa de tomate y rehoga bien. Cocina a fuego suave durante 4-5 minutos. Pela los guisantes, introdúcelos en la paellera y mezcla bien.

Pica finamente los espárragos y saltéalos en una sartén con un chorrito de aceite, sal y pimienta. Agrégalos a la paellera. Rehoga bien. Introduce el pulpo. Añade la tinta de calamar y remueve bien.

Incorpora los fideos. Vierte caldo caliente de manera que se cubran bien los fideos. Rectifica de sal. Hornea (con el horno precalentado) a 220 grados durante 4-8 minutos, hasta que el fideo esté bien levantado.

Deja que repose unos minutos. Emplata a tu gusto, espolvorea con perejil picado y sirve.

WHITE RUSSIAN DE PLÁTANO

INGREDIENTES

2 plátanos
4 bolas de helado de nata
100 ml de licor de café
40 ml de vodka
un vaso de hielos
1 cucharada de azúcar moreno
1 cucharadita de cacao en polvo

ELABORACIÓN

Pon dos bolas de helado en cada copa.

Pela los plátanos, ábrelos a lo largo y córtalos en daditos de tamaño similar. Coloca los dados de plátano sobre el helado.

Mezcla en una jarra el licor de café, el vodka y el hielo. Vierte la mezcla sobre las copas. Echa un poco de azúcar por encima y caramelízalo con un soplete.

Espolvorea con una pizca de cacao y sirve.

LUBINA CON PURÉ DE BERENJENAS Y GARBANZOS

INGREDIENTES

2 lomos de lubina de 300 g cada uno
300 g de garbanzos cocidos
1 berenjena
150 ml de caldo concentrado de ternera
60 g de cecina de vaca
aceite de oliva
sal
pimienta
unas hojas de salvia fresca
1 cucharadita de hierbas provenzales
perejil o cebollino picado

ELABORACIÓN

Pela y corta la berenjena en dados. Sazónalos para que suelten parte de su agua y saltéalos en una sartén con un chorro de aceite. Salpimienta y añade las hierbas provenzales y las hojas de salvia. Agrega otro chorrito de aceite y saltea durante 3 minutos aproximadamente. Incorpora los garbanzos y el caldo de ternera, pasa a un bol y tritura.

Pon un chorrito de aceite en una sartén, pon los lomos de pescado con la piel hacia abajo, sazónalos y cocínalos durante 2-3 minutos. Baja el fuego, dales la vuelta y cocínalos brevemente por el otro lado.

Para servir, coloca un poco de puré en el fondo del plato, pon encima el lomo de pescado y acompaña con la cecina cortada en bastones. Espolvorea con un poco de perejil o cebollino picado.

SALMOREJO DE FRESAS Y PIQUILLOS CON SU GUARNICIÓN

Las fresas contienen fibras hidrosolubles, es decir, solubles en agua. Así, las preparaciones como batidos, cremas o sopas donde intervienen acostumbran a ser estables gracias a la acción de estas fibras, que actúan como espesante en frío. En nuestro organismo agilizan la digestión y "secuestran" parte del colesterol y otras sustancias nocivas, arrastrándolas por el tubo digestivo sin permitir su asimilación y, finalmente, eliminándolas.

INGREDIENTES

400 g de fresas
90 g de pimientos del piquillo
8 huevos de codorniz
1 diente de ajo
hielos
un chorrito de vinagre de jerez
un buen chorro de vinagre blanco
aceite de oliva
sal
pimienta
pimentón

Para el tartar
1 cebolleta
100 g de fresas
90 g de champiñones
60 g de jamón serrano
50 g de caviar de lumpo
aceite de oliva
cebollino picado

ELABORACIÓN

Lamina el diente de ajo y dóralo en una sartén con un chorrito de aceite. Introduce los pimientos cortados en tiras, una pizca de sal, una pizca de pimienta y media cucharadita de pimentón.

Para el salmorejo, pon las fresas picadas en un bol, agrega los pimientos y tritura. Vierte un poco de agua fría y sigue triturando. Vierte el chorrito de vinagre de jerez, cuélalo y mételo en el frigorífico para que se enfríe.

Abre los huevos de codorniz y ponlos en un bol. Pon abundante agua a calentar en una cazuela. Vierte un buen chorro de vinagre blanco y cuando veas que empieza a hervir de nuevo, apaga el fuego, remueve el agua para que haga remolino y agrega los huevos de uno en uno. Mantenlos en el agua durante 40 segundos. Retíralos con una espumadera y refréscalos en un bol con agua fría con hielos.

Para el tartar, pon en un bol la cebolleta, las fresas, los champiñones y el jamón, todo finamente picado. Agrega un buen chorro de aceite, el caviar de lumpo y el cebollino picado. Mezcla bien.

Con ayuda de un molde cortapastas, pon en el centro del plato una porción de tartar. Coloca encima y alrededor los huevos y vierte el salmorejo alrededor.

SOLOMILLO DE TERNERA Y RISOTO DE CHAMPIÑONES

¿Qué hace de un risoto un risoto? La disolución y emulsión del almidón del arroz con las grasas de vacuno (mantequilla, crema de leche y parmesano).

INGREDIENTES

400 g de solomillo
200 g de recortes de carne
150 g de arroz arborio
150 g de champiñones enteros
1 cebolla
60 g de queso parmesano
60-80 g de mantequilla
60 ml de crema de leche
800 ml de caldo de carne
aceite de oliva
sal
pimienta
1 rama de mejorana fresca
flores comestibles
cristales de sal

ELABORACIÓN

Precalienta el horno a 60 grados.

Calienta el caldo en una cazuela. Dora los recortes de carne en una sartén con un chorro de aceite de oliva. Cuando estén bien dorados, introdúcelos en el caldo. Cocina el conjunto unos minutos y resérvalo caliente.

En la misma sartén, dora la pieza de solomillo por todos lados. Pasa la carne a una fuente y salpimiéntala. Hornea el solomillo a 60 grados durante 8-10 minutos para que se mantenga crujiente por fuera y crudito por dentro. En el momento de servir, corta la carne en finísimos filetes.

Retira los tallos de los champiñones y corta los sombreros en 6 triangulitos cada uno. Pon una nuez de mantequilla en una tartera. Introduce la cebolla finamente picada y los champiñones. Sazona. Agrega un poco más de mantequilla si es necesario. Añade el arroz. Vierte cazos de caldo caliente, poco a poco según lo vaya necesitando, sin parar de remover hasta que se emulsione.

Vierte la crema de leche y sigue removiendo. Agrega un poco más de mantequilla y el queso parmesano. Retira la cazuela del fuego y sigue moviendo hasta que esté en su punto. Deja que repose.

Emplata el arroz con ayuda de un cortapastas. Coloca encima los filetitos de solomillo. Decora con unas hojitas de mejorana picadas y con pétalos de flores. Espolvorea con unos cristales de sal y sirve.

La papaya, excelente fuente de potasio y de vitaminas C y A, además contiene enzimas digestivas que ablandan las carnes durante la digestión, como la piña.

PAPAYA EN INFUSIÓN DE TÉ ROJO

INGREDIENTES

1 papaya
10 g de té rojo rooibos
2 bolas de helado de vainilla
5 gotas de agua de rosas

ELABORACIÓN

Calienta 750 ml de agua en el microondas. Introduce el té y deja que repose unos 5 minutos. Transcurrido ese tiempo, cuela la infusión sobre una fuente.

Corta la papaya en gajos e introdúcelos en el té. Deja que se maceren. Cuando se enfríe, vierte 5 gotas de agua de rosas y mezcla bien.

Emplata la papaya con su jugo en un plato hondo y pon en cada uno una bola de helado de vainilla. Sirve.

ARROZ DE PALOMA

ELABORACIÓN

Deshuesa las palomas. Reserva por separado las pechugas, los muslos, las alitas y las carcasas.

Pon un chorrito de aceite en una paellera, agrega las carcasas de las palomas, salpimienta y dóralas a fuego fuerte. Retíralas y resérvalas.

Pon a calentar un chorrito de aceite en una cazuela amplia. Corta una de las cebollas en trozos grandes y agrégalos. Rehoga a fuego rápido. Incorpora la mitad del pimiento cortado en juliana, la manzana laminada, el tomate cortado en dados, las carcasas y el pimentón. Rehoga todo bien durante 5 minutos, vierte agua y cocínalo a fuego medio durante 40 minutos. Cuela el caldo y resérvalo.

INGREDIENTES

2 palomas
200 g de arroz
120 g de habas baby
2 cebollas moradas
½ pimiento rojo
½ tomate maduro
½ manzana golden
aceite de oliva
sal
pimienta negra
½ cucharadita de pimentón
perejil picado

Para la picada
los higadillos de las palomas
1 diente de ajo pequeño
6 avellanas tostadas
4 granos de pimienta negra
½ copa de brandy
aceite de oliva
½ cucharadita de orégano seco

En la misma paellera donde has dorado las carcasas, introduce la otra cebolla finamente picada y el resto del pimiento cortado en daditos. Sofríe bien. Aparta la verdura a un lado de la paellera y dora los muslos y las alitas. Incorpora las habas baby y el arroz y rehoga todo bien. Vierte el caldo (triple cantidad que de arroz), pon a punto de sal y cocínalo a fuego fuerte durante 3-4 minutos. Introduce la paellera en el horno y cocina el arroz a 200 grados durante 12-14 minutos.

Mientras tanto, para hacer la picada, maja las avellanas en el mortero. Pon a calentar una sartén con un chorrito de aceite, añade los higadillos y dóralos un poco. Agrega los granos de pimienta y el orégano. Vierte el brandy y deja que se reduzca hasta que se evapore el alcohol. Incorpora el ajo picado y cocina todo durante un par de minutos. Agrega la picada al mortero y sigue majando hasta que todos los ingredientes queden perfectamente integrados. Pasa todo a un bol y reserva.

Salpimienta las pechugas y dóralas sólo por el lado de la piel en la misma sartén donde has cocinado la picada. Cuando saques el arroz del horno, coloca las pechugas encima dejando la piel hacia arriba. Tapa la paellera con un paño limpio y deja reposar durante 5 minutos.

Emplata una paloma por ración, pasa el arroz al bol y mézclalo con la picada. Pon al lado de la paloma una buena porción de arroz. Espolvorea con un poco de perejil picado y sirve.

COCA DE PAN CON TOMATE Y CHOCOLATE

INGREDIENTES

½ chapata
100 g de chocolate negro
1 tomate maduro
8 fresas
aceite de oliva
cristales de sal

ELABORACIÓN

Corta el chocolate en trozos, colócalos en un bol, echa un chorrito de agua y fúndelo en el microondas. Mezcla bien.

Corta la chapata en 2 trozos y ábrelos. Retira la miga y tuéstalos en el horno. Corta el tomate por la mitad y unta los trozos de pan, riégalos con un chorrito de aceite y sálalos.

Para servir, salsea (sin cubrir del todo) las tostadas con el chocolate y acompáñalas con las fresas limpias y sin pedúnculo.

Las auténticas cazuelas de pescadores se elaboran simplemente con los alimentos que se podían transportar a bordo a lo largo de muchos días sin conservación; aceite, patatas, cebollas, ajos, tomates, arroz o frutos secos, pimientos secos, especias, etc... además, simplemente, el pescado que se descartaba para la venta y agua de mar. (mejor abstenerse hoy en día de esto último)

SUQUET DE PESCADORES

INGREDIENTES

1 merluza (unos 800 g)
10-12 almejas
8 tomates
4 patatas pequeñas
4 dientes de ajo
aceite de oliva
sal
perejil

Para el majado
80 g de huevas de merluza
1 diente de ajo
1 ñora
1 rebanada de pan de víspera
4 almendras tostadas
4 avellanas tostadas
aceite de oliva
sal

ELABORACIÓN

Para hacer el caldo, saca los lomos a la merluza (sin retirar la piel) y pon a dorar las espinas en una cacerola con un poco de aceite. Cubre con agua (600 ml), sazona y cuece durante 20-25 minutos. Cuela y reserva.

Para el suquet, escalda los tomates en una cazuela con agua hirviendo durante 10 segundos. Retira y deja que se enfríen en un bol con agua y hielos. Pélalos, quita las semillas, trocea la pulpa y reserva en bol.

Lamina los dientes de ajo y ponlos a dorar en una cazuela con un chorro de aceite. Cuando tomen color, añade inmediatamente el tomate reservado y deja reducir durante 15 minutos. Incorpora las patatas cascadas, cubre con el caldo (reserva un poco para las almejas) y cocina a fuego lento durante 15 minutos.

Para el majado, pon a calentar las huevas de merluza en una sartén con un poco de aceite, sazona y añade el ajo picado. Mezcla bien hasta que tome color y pasa a un mortero. En la misma sartén tuesta la rebanada de pan, trocea y agrégala al mortero. Incorpora las almendras, las avellanas y la ñora picada (ponla previamente en remojo en agua tibia durante 5 minutos y retira las pepitas) y machaca todo bien hasta hacer una pasta. Añade el majado al suquet y sazona. Agrega los lomos de merluza, cocina durante unos minutos y deja reposar durante 6-8 minutos.

Pon a hervir el caldo reservado en una sartén y añade las almejas. Tapa y cocina a fuego fuerte hasta que se abran. Retira y agrégalas al suquet.

Sirve el suquet de pescadores en un plato hondo y espolvorea con un poco de perejil picado

ELABORACIÓN

Pon los huevos, las yemas y la mitad del azúcar moreno en un bol y bate con una varilla. Reserva. Pon a calentar la leche en una cacerola y cuando rompa a hervir retírala del fuego, deja que repose (20-30 segundos) y añádela poco a poco al bol sin dejar de batir. Agrega el bizcocho troceado y mezcla. Reserva.

Pon a caramelizar el resto del azúcar moreno en una sartén a fuego suave. Reparte los piñones en cuatro flaneras e incorpora el caramelo. Cubre con la mezcla anterior y coloca las flaneras en una bandeja apta para el horno con agua (hay que procurar que este agua no hierva ya que si no el flan se quedaría lleno de agujeritos). Hornea (al baño maría) a 150 grados durante 40-45 minutos. Retira, desmolda y sirve.

FLAN DE OVEJA CON PIÑONES

INGREDIENTES

400 ml de leche de oveja
2 huevos
2 yemas
200 g de azúcar moreno
40 g de piñones
80 g de bizcocho

El consumo de la mantequilla y las grasas saturadas animales debe ser eventual, no se puede apoyar el grueso de nuestra alimentación en exceso de lácticos (y en especial quesos grasos como el brie, con un 50-52% de grasa). Así, para mí, cuando toca, lo mejor es combinar diferentes productos de un mismo animal (el entrecotte, el queso y la mantequilla) para disfrutar al máximo del sabor genuino del vacuno. Este plato, por tanto, es eminentemente calórico y aporta la ración de proteínas, lácticos y grasas suficiente para todo el menú.

TERNERA GUISADA SOBRE CREMA DE CALABAZA Y BRIE

INGREDIENTES

1 entrecot (unos 400 g)
400 g de calabaza
1 patata
90 g de queso cremoso
20 g de setas secas
2 setas shitake
½ pastilla de caldo de ternera
1 cucharadita de mostaza a la antigua
30 g de mantequilla
aceite de oliva
sal
pimienta
cebollino

ELABORACIÓN

Dora el entrecot por los dos lados en una sartén con un chorrito de aceite durante 2-3 minutos y escurre el exceso de aceite sobre papel de cocina. Introduce la carne en el horno y hornea a 60 grados durante 20-25 minutos. Retira la carne, corta en dados, sazona y resérvalos.

Corta la calabaza en dados y dóralos en una sartén con un chorrito de aceite. Cuando tomen color, incorpora la patata cortada en rodajas y salpimienta. Tapa y cocina a fuego medio durante 10 minutos. Incorpora el queso cortado en dados y tritura con la batidora eléctrica hasta conseguir una crema homogénea. Prueba el punto de sal y reserva.

Para la salsa, calienta 250 ml de agua en un cazo y añade la pastilla de caldo de ternera. Mezcla bien y cuando rompa a hervir, vierte el caldo en un bol junto con las setas. Deja que se hidraten bien durante 20 minutos y tritura -levemente- con la batidora eléctrica (para poder colar bien). Cuela el caldo y reserva.

Pon a derretir la mantequilla en una sartén, agrega las shitakes picadas y salpimienta. Cuando tomen color, moja con el caldo y deja que reduzcan a fuego suave. Añade la mostaza, incorpora la carne y cocina durante 2 minutos.

Pon la crema de calabaza en la base del plato y añade la ternera guisada. Espolvorea con cebollino picado y sirve.

GRANIZADO DE SANDÍA CON FRUTOS ROJOS

Después de un plato copioso hemos copado los niveles de grasas. Así, para el postre no usaremos ni nata, ni fermentos lácticos ni productos grasos de naturaleza animal. Esta es la razón de ser de esta combinación de frutos rojos (altamente antioxidantes) con la pulpa de una fruta refrescante como la de la sandía, aligerada de sus complicaciones digestivas a causa de la fibra, por lo que la colamos para elaborar un granizado.

INGREDIENTES

Para 4 personas

½ sandía
150 g de frutos rojos variados (grosellas, moras, arándanos)
50 ml de jarabe de grosellas o granadina
1 cucharada de mermelada de arándanos negros
3 hojas de gelatina
80 g de azúcar moreno
80 ml de vino de oporto

ELABORACIÓN

Trocea la sandía y pon la fruta en un bol junto con el jarabe de grosellas y el azúcar moreno. Tritura con la batidora eléctrica y reserva.

Pon en remojo las hojas de gelatina en un bol con agua fría hasta que se ablanden. Escúrrelas y ponlas en una cazuela al fuego con un poco de agua (50 ml). Cuando se disuelvan, cuela y agrega al zumo de sandía. Vierte el zumo en una fuente y deja enfriar en el congelador durante una hora. Retira y raspa con un tenedor hasta que adquiera la textura de granizado.

Mezcla en un bol la mermelada de arándanos, el vino de oporto y los frutos rojos y deja macerar durante media hora para que suelten el jugo. Reserva.

Sirve el granizado en copas y reparte por encima los frutos macerados.

CANELONES DE BACALAO Y PILPIL DE CHAMPIÑONES

INGREDIENTES

16-20 láminas de canelones
400 g de bacalao desalado desmigado
4 trozos de piel de bacalao
70 g de copos de puré de patata
50 g de piñones
200 ml de crema de leche
aceite de oliva
sal
1 cucharada de orégano seco

Para el pilpil de champiñones
250 g de champiñones
pieles y espinas de bacalao
2 dientes de ajo
2 guindillas verdes en vinagre
100 ml de sidra
aceite de oliva
sal
cebollino

ELABORACIÓN

Pon a calentar una cazuela amplia y baja. Echa un chorrito de aceite, los piñones y el orégano. Fríe todo a fuego suave durante un par de minutos. Agrega el bacalao, rehógalo un poco y vierte la nata. Cuando empiece a hervir, incorpora los copos de puré de patata. Mezcla bien y deja enfriar.

En una cazuela grande pon a calentar abundante agua con un chorrito de aceite y una pizca de sal. Cuando empiece a hervir, introduce los canelones de uno en uno. Cuécelos siguiendo las instrucciones del fabricante (aproximadamente 8 minutos). Retíralos, extiéndelos sobre un paño limpio y úntalos con un poco de aceite (sólo por la parte que queda hacia arriba). Rellénalos con la farsa de bacalao y envuélvelos. En el momento de servir, caliéntalos en el microondas.

Fríe los 4 trozos de piel de bacalao hasta que queden crujientes.

Para el pilpil de champiñones, pon un poco de agua en una cazuelita, agrega las pieles con las espinas y deja que se cuezan a fuego lento. Cuando rompa a hervir el agua, apaga el fuego y deja que se temple. Por otro lado, corta los tallos de los champiñones y limpia los sombreros con un papel de cocina humedecido. Córtalos en gajos y cocínalos en una sartén a fuego medio. Vierte un chorrito de aceite y agrega los ajos finamente picados. Rehógalos brevemente y vierte unos 100 ml de aceite, la sidra y el caldo resultante de cocer las pieles de bacalao. Remueve un poco y cocina todo durante 5 minutos. Deja templar un poco y liga la salsa removiéndola con un colador. Pica el cebollino y las guindillas y añádelas. Pon a punto de sal.

Sirve los canelones, salséalos con el pilpil de champiñón y adórnalos con las pieles crujientes de bacalao.

PERLAS DE MELÓN EN REBUJITO DE JENGIBRE

Prepara todos los ingredientes para el postre bien fríos de la nevera; se trata de un postre para hacer al momento y su misión es ser refrescante. Si lo preparas y lo dejas en la nevera, muy posiblemente se pierda parte del carbónico del *ginger-ale*.

INGREDIENTES

½ melón cortado a lo ancho
un trozo de jengibre
100 ml de jerez seco
200 ml de *ginger-ale*
1-2 cucharadas de azúcar moreno
hojas de menta

ELABORACIÓN

Retira las pepitas del melón, saca bolitas con ayuda de un sacabolas y colócalas en un bol. Pela el jengibre y ralla un poco sobre el bol. Incorpora el jerez, el *ginger-ale* y el azúcar. Déjalas macerando en el frigorífico como mínimo durante media hora.

Vacía bien el melón, agrega un poco de menta picada e introduce las bolitas de melón maceradas.

CEVICHE DE CABRACHO

Diferenciar la sensación física de ácido (lo sentimos en las papilas gustativas) y su acción sobre el pescado en un marinado de los aromas de los cítricos, generalmente aceites esenciales que están en su piel, que captamos e identificamos en la pituitaria y que se transmiten mejor por un aceite, como en perfumería.

INGREDIENTES

4 lomos de cabracho de 125 g (cada uno)
1 yuca
1 manzana granny smith
80 g de hojas de rúcula
80 g de berros
1 fruta de la pasión
zumo de 2 limas
aceite de oliva
sal
pimienta

Para el aceite aromatizado
hojas de hierbaluisa
1 vaina de cardamomo
granos de pimienta verde en conserva
1 lima
aceite de oliva

ELABORACIÓN

Coloca los lomos de cabracho en una fuente honda, dejando la parte de la piel hacia arriba. Vierte el zumo de 2 limas y deja que se marinen durante 15 minutos aproximadamente. Retíralos, colócalos sobre una rejilla y deja que escurran el exceso de zumo.

Pela la yuca, córtala en cilindros de 2,5 centímetros y dóralos un poco en una sartén con unas gotas de aceite. Salpimiéntalos, dales la vuelta, baja el fuego, tápalos y cocínalos a fuego suave durante 15-20 minutos.

Para hacer el aceite aromatizado, pon unos granos de pimienta verde en una cazuela, echa una cucharada de aceite y la vaina de cardamomo abierta. Vierte un buen chorro de aceite y aparta la cazuela del fuego. Incorpora las hojas de hierbaluisa y 4 trozos de cáscara de lima. Pon la cazuela al fuego, vierte una cucharada de agua y cuando empiece a hervir, retírala de nuevo.

Para la ensalada, lava la manzana, córtala por la mitad, retírale el corazón y lamínala. Colócalas en un bol, agrega los berros y la rúcula. Abre la fruta de la pasión e incorpora las semillas. Adereza con el aceite aromatizado y sazona.

Pon una sartén amplia a calentar con un chorrito de aceite. Introduce los lomos de pescado por la parte de la piel, presiónalos con un par de cucharas para que la piel se dore con mayor facilidad. Echa otro chorrito de aceite, sazona el pescado y dale la vuelta.

Sirve unos trozos de yuca en el fondo del plato y salséalos con un poco de aceite aromatizado. Coloca encima el pescado y pon la ensalada de manzana a los lados. Añade unas gotas de zumo de lima al aceite aromatizado y bate bien. Aliña el plato.

ELABORACIÓN

Monta las claras con una batidora eléctrica de varillas hasta que queden bien esponjosas. Tamiza encima la harina y mezcla bien con una varilla manual.

Pela los plátanos, trocéalos y rehógalos en una sartén caliente. Aplástalos con una espátula y añade un chorrito de aceite. Riégalos con el jarabe de arce y agrega la crema de almendras. Mezcla bien y cocínalos durante 3 minutos aproximadamente. Pásalos a un bol y tritúralos con una batidora eléctrica.

Agrega las yemas de huevo y el chocolate troceado y sigue triturando hasta conseguir una masa homogénea. Incorpora las claras con la harina y mezcla suavemente con una cuchara de madera.

Llena los moldes (3/4 partes) con la mezcla e introdúcelos en el horno (previamente calentado) a 220-230 grados durante 8-10 minutos. Sirve.

SUFLÉ DE PLÁTANO

INGREDIENTES

Para 4 personas
3 plátanos
50 ml de jarabe de arce
90 g de crema de almendras
75 g de chocolate negro
3 yemas de huevo
5 claras de huevo
70 g de harina
aceite de oliva

MATAMBRE DE POLLO

El matambre recibe su nombre de la pieza de la ternera con la que se elabora normalmente. Es un proceso largo donde se marina la carne (una lámina fina y ancha de la parte del vientre del animal bastante cubierta en grasa) con vinagre, pimentón y especias para rellenarla al día siguiente, cocinarla hervida entre 2-3 horas y finalmente enfriar con un peso encima para que coja estructura. Se sirve frío como entrante de platos principales o para entre horas.

INGREDIENTES

2 pechugas de pollo
6 pimientos del piquillo
6 tomates secos marinados en aceite
6 huevos de codorniz
aceite de oliva
sal

Para la salsa chimichurri
2 dientes de ajo
vinagre
aceite de oliva
1 cucharadita de orégano seco
½ cucharadita de comino molido

Para la ensalada
Un buen manojo de hojas variadas de lechuga (roble, berro, rúcula...)
1 tallo de apio
4 rabanitos
1 cebolleta
10 aceitunas negras
25 g de pistachos
cilantro

ELABORACIÓN

Para la salsa chimichurri, pica finamente los ajos, ponlos en un colador y escáldalos durante 5 segundos en una cazuelita con agua hirviendo. Escúrrelos bien y pásalos a un bol. Agrega el aceite (4 cucharadas), el vinagre (1 cucharada), el orégano y el comino. Mezcla bien y reserva.

Abre las pechugas como si fueran un libro. Extiéndelas y pon encima de cada una 3 pimientos del piquillo, 3 tomates marinados y 3 huevos de codorniz. Sazona y enróllalas. Envuélvelas con plástico de cocina y cocínalas en el horno de vapor durante 8-10 minutos (si no tienes horno puedes cocinarlas al vapor en una cazuela). Retíralas del horno, deja que se enfríen y córtalas en cilindros. En el momento de servir, dóralas en una sartén con un chorrito de aceite.

Mientras tanto prepara la ensalada. Para ello pon las hojas de lechuga en un bol grande. Pica finamente el apio, corta los rabanitos y las aceitunas en rodajitas y la cebolleta en juliana fina. Agrega todo al bol. Incorpora los pistachos y las hojas de cilantro y mezcla bien.

Sirve los cilindros de matambre en una fuente, pon al lado la ensalada y aliña con la salsa chimichurri.

DULCE DE LECHE CON MAGDALENAS Y HELADO

INGREDIENTES

250 ml de leche condensada
2 magdalenas
2 bolas de helado de yogur
grosellas
arándanos
frambuesas

ELABORACIÓN

Pon la leche condensada a calentar a fuego suave durante 12-15 minutos aproximadamente. Quedará más concentrada y con un ligero color tostado que recuerda al dulce de leche. Si queda con grumos conviene colarla.

Pon en el fondo de cada copa una cucharada de dulce de leche, una magdalena cortada en cuatro trozos y una bola de helado de yogur.

Salpícala con unos frutos rojos y corónala con una bolita de dulce de leche.

ROSBIF, ACEITE RUSTIDO Y VERDURAS AL ESTRAGÓN

INGREDIENTES

500 g de lomo alto de vaca (atado)
100 g de recortes de carne
½ cebolleta
½ remolacha cocida
½ tomate maduro
1 nabo
½ col de hoja lisa
½ raíz de apio (apionabo)
100 ml de vino tinto
aceite de oliva
sal
2 clavos
4 bayas de enebro
unas ramitas de tomillo
unas hojas de estragón
pimienta
perejil picado

ELABORACIÓN

Calienta una sartén amplia. Introduce la carne y riégala con un chorrito de aceite. Cocínala durante un par de minutos por cada lado. Pásala a una fuente de horno y ásala a 220 grados durante 10-12 minutos aproximadamente. En el momento de servir, corta la carne en filetillos finos.

Para el aceite de rustido, fríe los recortes de carne. Cuando se doren, añade la cebolleta picada y deja que se dore un poco. Corta la remolacha en dados, incorpórala y cocínala durante un par de minutos. Corta el tomate en dados y añádelos. Agrega los clavos, las bayas de enebro y las ramitas de tomillo. Vierte el vino y cocina a fuego medio hasta que reduzca. Añade una buena cantidad de aceite (100 ml) y cocina todo a fuego suave durante 10 minutos.

Cuela el aceite presionando las verduras para que suelten todo su jugo. Agrega un poco de perejil picado y mezcla bien.

Pela la raíz de apio y el nabo y córtalos en bastones. Cocínalos a fuego fuerte en una cazuela amplia con un chorrito de aceite. Cuando hayan cogido un poco de color (3 minutos aproximadamente), añade la col cortada en juliana. Saltea brevemente, tapa, baja el fuego y cocínala durante unos 8 minutos aproximadamente. Pica el estragón, agrégalo, sazona y mezcla bien.

Sirve las hortalizas en el centro del plato y sazónalas. Coloca encima unos filetillos de rosbif, sazónalos y salsea todo con el aceite de rustido.

APOTEOSIS NOW

INGREDIENTES

Para 4 personas
2 claras de huevo
1-2 cucharadas de azúcar moreno
½ lima
100 ml de ron
4 bolas de helado de vainilla
unas hojas de cilantro

ELABORACIÓN

Pon el azúcar, las claras y el zumo de lima en un bol. Para que los ingredientes se monten mejor, colócalo al baño maría de hielos. Para ello, introduce el bol dentro de otro más grande que contenga un poco de agua fría y hielos.

Con ayuda de una batidora eléctrica de varillas, monta las claras con el azúcar y el zumo de lima. Vierte el ron poco a poco y sigue batiendo hasta que quede bien montado.

Sirve una bola de helado en cada copa. Espolvorea con un poco de cilantro picado y cubre con la espuma de ron. Adorna con unas hojitas de cilantro.

ÍNDICE

ÍNDICE ALFABÉTICO DE RECETAS